自主練は「型」が最強！

動きのコツがわかる

# バスケ塾

今田悠太 Yuta
RISEスキルコーチ

GET BETTER EVERY REP

イースト・プレス

Prologue

# はじめに

僕は幼少期にアメリカでバスケットボールをはじめました。そしてどんどんバスケットボールに夢中になりました。ところが両親の仕事で日本へ帰ることになり、あれだけ楽しかったバスケをプレーする機会が激減してしまったのです。それでも仲間やプレーする場所が見つかり、バスケというよりも生活を通して「日本っていいな」と思うようになりました。その一方で、「日本のバスケットボールはなぜこんなに弱いんだろう？」とも思ったのです。それが再びアメリカに戻ったきっかけです。アメリカで一流のバスケに触れながら、「アメリカ人選手に勝てるような日本人選手を育てたい」と思うようになりました。それから時間が経ち、僕もさまざまな経験をするなかで、現在は「育てる」ではなく、「熱量があること」と「自分がどのような人たちと関わっていくのか」が大切だと考えています。

そして、そのかかわりの一つとして執筆したのが本書です。本書は僕がこれまでの経験を通じてまとめて

## ——「型」はロケットスタートを切る土台

きた「型」を中心に紹介します。「型」というと「こうでなくてはならない」というイメージが強いかもしれませんが、僕自身、自由が大好きですし、人から縛られることが大嫌いです。つねに自由でありたいと願ってきました。ところが自由であろうとするほど、行き詰まったのです。バスケだけでなく人生もそうでした。そこで偉大な先人たちが築いてきた「型」の本質に目を向け、取り入れるようになりました。

　僕が考えている「型」とは、皆さんを枠に収めるようなものではなく、皆さんが持っている個性を無限の可能性へと導いてくれる「分厚い土台」だと思っています。「型」は本質に限りなく近く、たくさんの人が膨大な時間をかけて生み出した「集大成」です。もちろん「型」のすべてを一冊に詰め込むことはできませんでしたが、そのなかでも重要な基本の「き」を本書にまとめました。皆さんも「型」の基本から学び、これからのバスケットボール人生のロケットスタートを切ってくださいね！

RISEスキルコーチ
**今田悠太**
Yuta

自主練は「型」が最強！

# 動きのコツがわかる バスケ塾



## PART 1 Yutaのバスケット論

# Contents

## PART 3 ドリブルスキルを磨く「型」

## Contents

## PART 4 フットワークの「型」を磨く

Contents

# 動画の見方

STEP 1

### カメラを起動

スマートフォンやタブレットのカメラを起動します。または、バーコードリーダー機能のアプリを立ち上げます。

STEP 2

### QRコードを読み取るモードにする

「読み取りカメラ」など、QRコードを読み取れるモードにします。機種によっては自動で読み取りモードになるものもあります。

STEP 3

### QRコードを写す、かざす

画面にQRコードが表示されるように合わせます。その状態で少し待ちましょう。

STEP 4

### 表示されたURLをタップ

動画のアドレスが表示されたらタップします。すると動画がはじまります。

## 注意点
CAUTION

①動画を見るときは別途通信料がかかります。Wi-Fi環境下で動画を見ることをおすすめします。

②機種ごとの操作方法や設定に関してのご質問には対応しかねます。ご了承ください。

③動画の著作権はYutaに属します。個人ではご利用いただけますが、再配布や販売、営利目的の利用はお断りします。

PART

1

# Yutaの
# バスケット論

01

# 熱量を持って スマートを目指す

「熱量を持った人と関わりたい」。それがスキルコーチに転身したきっかけです。熱量を賢く注ぐことが上達への鍵であり、それができるのがスキルコーチの仕事だと思ったのです。そしてこの熱量によって、技術の足りない部分をカバーできます。ところがこの熱量の方向を間違ってしまうと、とても頑張っているのに結果が出ないケースも出てきます。そうならないためには、**熱量の方向性をスマートにできたらいい**と考えています。

僕は元々ストレングスコーチといって、フィジカル面の強さやパワーを引き出すための指導をしていました。ところが憧れの日本代表選手を相手にした場合でも、フィジカルトレーニングでは選手たちからの熱量を感じられず、やりがいを失った気になりました。「ここにいたら自分があまりよいエネルギーの中にいられない」と思い、「より熱量が高い人たちと一緒にやりたい」と

# 熱量を持ってスマートを目指す

1. 熱量が大切！
2. 熱量を持った選手たちに方向性を与えスマートに導く
3. そのために編み出したことが「型」

考えるようになりました。それがスキルコーチとして活動することになった原点の一つです。「熱量が高い」の表現を変えると、**やりたいことを自分からやる**と言えます。向かう方向ややり方が分からなければ、いくら熱量を持っていても無駄な時間を費やしてしまうことになりかねません。熱量をスマートに、再現性高く導くことができるのが「型」であり、「型」の魅力を伝えたいと本書を執筆しました。**①一流選手はプレーが精錬され、無駄が削ぎ落とされている。それが「型」、②だからこそ「型」を学ぶことで、最短ルートで動作が身につく**、ということです。なお、「型」にはたくさんのポイントが出てきますが、**すべてのポイントができるようになる必要はありません。**一つか二つできるようになれば十分です。これが、僕が目指している方向性（スムーズに上達できる道筋）であり、無駄なくスマートに導くことができます。

02

# 賢く頑張ろうよ！

アメリカの選手は身体能力が注目されがちですが、実は小さいときからスマートにプレーすることを仕込まれます。それはトレーニングへの取り組み方も含めてです。これを表した言葉が、「work smarter, not harder（賢く頑張ろう）」です。12ページのスマートな方向性とも関連しますが、**日本にも才能がある選手がたくさんいます。**僕がアカデミーで接している選手たちにもたくさんいます。ところが先ほども言ったように「何からはじめたらいいのかわからない」「何を練習するとスマートかがわからない」といった声も耳にします。そうした結果、根性論に代表される「がむしゃらな練習」につながると感じます。**がむしゃらな練習は怪我のリスクが高くなります。しっかりと休息を取り、自分が目指すゴールを逆算して実行することが重要です。**日本のバスケットボールはこれまで、伝統的な独自の動き方や思想で発展してきましたが、それは世界のトップレベルとは違う路

## これからのバスケへの取り組み

**1 賢く頑張る!**

**2 しっかりと休息を取る**

**3 一流選手のプレーをたくさん見る**

線だったと思います。**「理にかなった動作」や「世界トップレベルの戦術やスキル」をあまり見てこなかった**からでしょう。この背景には、日本独自の閉鎖的な文化が関係しています。NBAなどのトップレベルを見て育つアメリカと異なり、「身近な先輩」が一番のお手本になるため、発展が遅れたと考えられます。その例が、チームごとに選手たちが似たようなシュートフォームになるなど、「日本人特有の悪い動作」がそのまま継承されたことです。ところが最近は「世界に通用するバスケットボール」を目指し、よい結果につながっています。さらにSNSなどから情報が入ることでよりオープンになり、世界のスキルや戦術を取り入れています。その結果、日本人は飛躍的に上達しています。あとは**その情報を整理し、賢く頑張っていくステージにきています。**世界のトップを「指針」「お手本」として、スマートに頑張る時代に入っているのです。

03

# 一流選手のよい動きを真似る

**一流の選手が超一流になるのには理由があります。**そして一流選手には共通点があります。彼ら彼女らがやっていることの意味が理解できなかったとしても、動きや振る舞い、マインド（意識や気持ち、心の持ちよう）には、成功する要素のヒントが詰まっています。

以前、ＭＬＢのダルビッシュ有選手の動画を見ました。そこで彼は、「大谷翔平選手がどのような生活をしているのかを参考にしたい」「ただ練習を見るよりも、何を食べてどんな行動をしているのかを知りたい」と言っていました。ダルビッシュ選手ほどになっても、超一流の選手がなぜ一流なのかを貪欲に研究し、その理由を探します。

**一流になればなるほど動作もマインドもシンプルです。**プレーをはじめ、無駄なものがそぎ落とされていきます。だからこそ、一流選手が長い年月をかけて身につけた動きを初心者のうちから真似てもらいたいと

## RISE流PDCAサイクル→PAAP

**P** ▸ プレーする［PLAY］
**D** ▸ アナライズ（解析や分析）する［ANALYZE］
**C** ▸ アジャストメント（修正）する［ADJUSTMENT］
**A** ▸ プラクティス（練習）する［PRACTICE］

**このサイクルを回すことで上手くなる**

思います。

アメリカでは五歳の子がプロ選手になりきっています。プロ選手としての振る舞いや言動を憑依させ、NBAのゲームで残り五秒かのような顔つきで自主練をしているのです。これは先ほどのダルビッシュ選手に通じるでしょう。実はこれが上達に一番必要な能力ではないかと思います。こうした真似は、結局自分にとってのPDCAサイクルを回せる人です。なかでもアナライズや、本人が自分の動きを認識することが、真似ることに凝縮されていると思います。そして、真似る原動力は一流選手への「熱量」「憧れ」であり、ぜひこの憧れをトップレベルに置いてもらいたいと思います。

**真似ることは最も簡単なコーチング方法であり、上達のヒントを得る近道です。**

04

# よい身体の使い方とは

僕は「運動は物理」という前提で、運動科学を勉強してきました。そして**「運動は物理で説明できる部分がある」**と考えています。関節やじん帯には正しい動きがあり、身体が「こう動いてほしい」という構造になっています。この構造を無視すると怪我や低いパフォーマンスにつながりますが、構造化することで高いパフォーマンスを発揮しやすくなります。そのためのトレーニングがストレングストレーニングやムーブメントスキルになります。

ストレングストレーニングとスキルでは、重複する部分がたくさんあります。そのため、僕はスキルのなかで身体の構造のポイント、それもエラーの動きを誘発する致命傷にならない部分だけを押さえておけば、身体にとってもスキルにとっても、さらには上達のスピードを考えてもベターだと考えています。つまり、**よい身体の使い方をして、物理の法則に則り、運動力学や機能**

## ジョイントバイジョイントセオリーとは

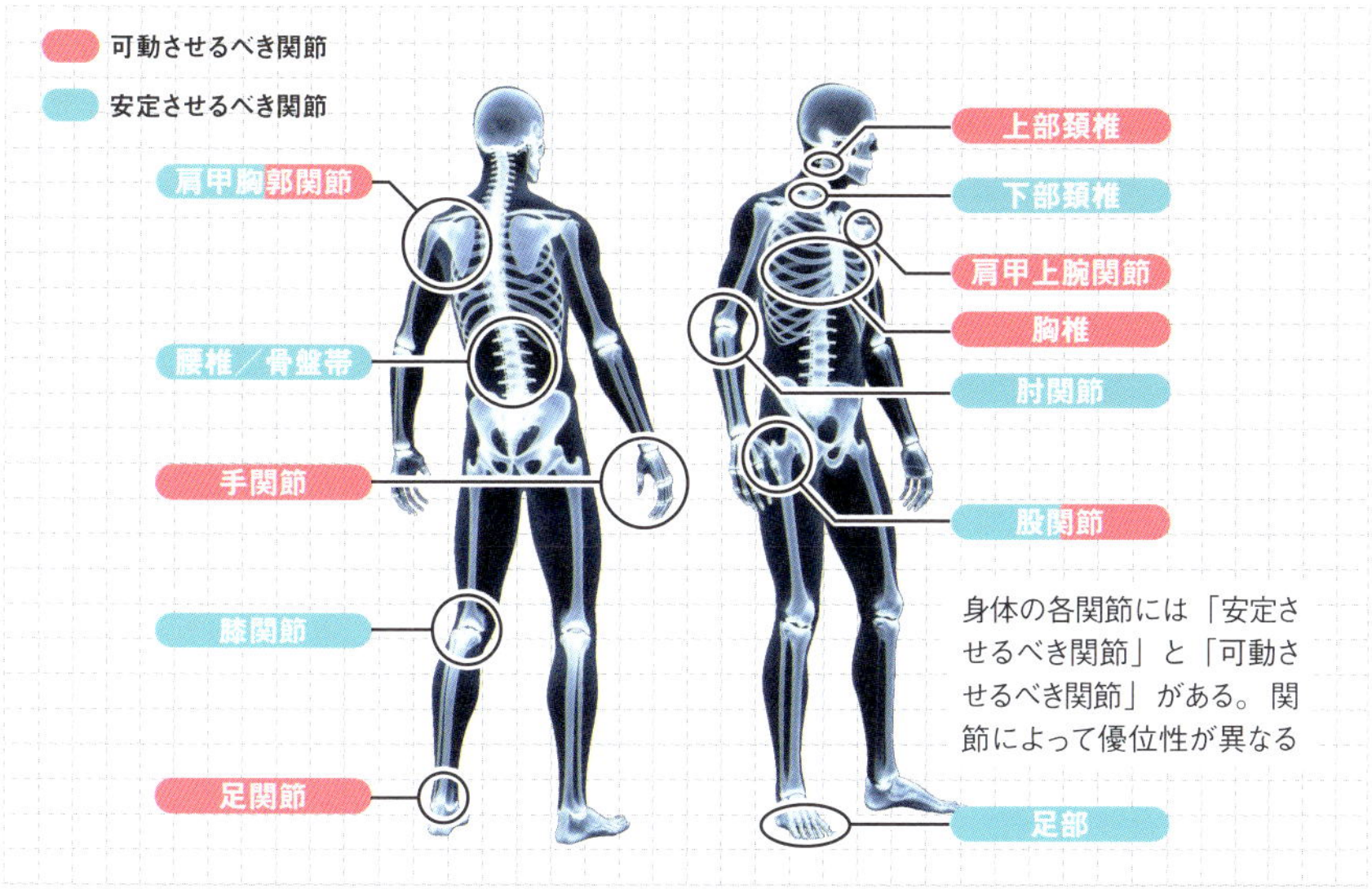


身体の各関節には「安定させるべき関節」と「可動させるべき関節」がある。関節によって優位性が異なる

**解剖学にも沿っている。もしくは、そこから大きく外れていないことが大切です。**例えば上の図のように、人の関節には構造によって「安定→固める」「可動→動く」といった役割があります（ジョイントバイジョイントセオリー）。この機能を無視した動きをするとパワーが上手く伝達できなかったり、怪我をしたりします。難しくて理屈がわからなくても、「型」を学べばこの要素が盛り込まれます。だからこそ「型」が重要であり、一流選手は自然とこのような身体の仕組みを最大限に活かしているのです。もう一つの例として、僕が重要視している「止まる（ストップ）」を紹介します。一流選手は自分の身体のコントロールが上手で、必要な時に止まれますが、多くの選手は減速ができません。つまり、自分の身体のコントロールができていないのです。**止まる＝自分の身体をコントロールできること。これもよい身体の使い方になります。**

## 05

# 今の個性＋よりよい動き＝さらに上手くなる！

陸上１００ｍの世界記録保持者であるウサイン・ボルト氏ですが、当時は陸上競技で常識とされている体幹を固定した走り方ではありませんでした。彼には脊椎側弯症《せきちゅうそくわんしょう》という持病があり、背骨が不安定に揺れたのです。その状態でバランスを取ろうとして、体幹のうねりを伴った走り方をしました。それでも彼は世界最速の称号を得ることができたのです。**人間には一人ひとり個性があります。そして機能解剖学としては、関節は本来こう動くべきだという理想があります。**ところが骨格や筋力、体格には個人差があります。そして感覚も一人ひとり異なります。こうした個人差を考慮し、個々の感覚を大事にしていかないと、その人の身体にとってのよい動きにはつながりにくくなると考えています。すべて理想を押しつけてしまうと、その選手が潰れてしまうこともあるでしょう。**物理的な正解があるなかで、同時に自分の動きや感覚も大**

## 個性×理想で上達する

1 一人ひとりに個性がある

2 自分の「よい個性」と「間違った個性」を見つける

3 致命傷をなくし、個性をよい動きと調和させる

**切にする。この間にあるのが個性だと思います。**ここで問題となるのが、「伸ばしてもよい個性」なのか「間違った個性」なのかです。一流を見ることにもつながることで、関節の動きはよいのに、プレーの動きが下手な選手がいます。こうした選手は、憧れの先輩などそれまで見てきた動きが悪かったから、間違った動きをしている可能性があります。見てきた動きはよかったが、練習方法が間違っているため、変な動きが身についている可能性もあります。考え方についても同じことが言えます。こうした動きや考え方に対して、致命傷となる部分はなくしたほうがよいことはもちろんです。同時に自分の動きと一流選手の動きを見比べて、理にかなった動きのほうに調和させていきましょう。動画を見たり、コーチに聞いたり、この本をヒントにして、**動きを理想に矯正するのではなく、あなたの個性をよい方向に伸ばしてほしい**と思います。

06

# 僕から見た日米の違い

僕は日本とアメリカのバスケットボールを経験しながら育ちました。そこで日米のバスケットボールの違いに気づき、アメリカのバスケットボールのよいところを日本の選手たちに伝えるスキルコーチとしての活動をしています。

その僕から見た**日米の違いの一つはハングリーさ**です。ハングリーさとは、「自分が主人公なんだ！」という気持ちの強さです。これは家族を養うためによい大学で実績を作るためや、プロになるという生きるための手段だったことが理由でしょう。日本では誰しもが希望すれば部活動でバスケットボールができます。ところがアメリカでは、トライアウトという選抜があり、そこで勝ち取らなければチームに残れません。つまり与えられるバスケ（日本）と勝ち取るバスケ（アメリカ）という点がまったく違うと感じています。

それからプレーに関してですが、日本は

## 日本：アメリカ

| 日本 | | アメリカ |
| --- | --- | --- |
| 与えられるバスケ | ： | 勝ち取るバスケ |
| 全員が主人公になろうとするバスケ | ： | 与えられた役割を遂行するバスケ |

▶▶▶ **日本人の持つ真面目さや探求心が世界と対等に戦うための武器になる**

みんなで守り、みんながボールを欲しがるという、**悪い意味で全員が主人公になりたがるバスケ**に見えます。ところがアメリカは全員が「特定の役割やスキルに特化してチームの成功を支える」、つまり与えられた役割を遂行することに徹した**「自分の役割で主人公になる」**バスケをします。純粋に趣味として楽しむレクリエーションバスケをしている人たちにも、この考えや動きが浸透しています。こうしたことがアメリカの強さにつながっているのでしょう。

このような違いを見ていて、改めて日本人の真面目さや探求心の高さを感じます。だからこそ、その方向性を誤らなければ、そしてスマートに探求心を持って臨めば、日本のバスケットボールはさらに強くなる可能性を存分に秘めています。駆け引きが上手になるなど、もっと磨かなければならない要素はありますが、間違いなく世界と対等に戦えるチームになっていけるでしょう。

## 07

# シンプルが最強

僕がRISE BASKETBALLのキャッチコピーにしているのがこの言葉です。バスケットボールに限らず、どのスポーツでも、スポーツ以外の分野でも、できないときは無駄が多く非効率な動きをするものです。ところが**上手くなるにつれて、一つひとつの無駄な要素がそぎ落とされます（シンプル化）。何事も本質はシンプルです。本質を追求しなければ最強にはなれません。**

例えばドライブの際に、下手なうちは身体がぶれていたとします。そのブレを消していくことでシンプルな動きになり、最終的には有効な動きになります。判断力も同じです。基本は右か左の二択ですが、下手なうちはあれこれ考えてしまい、「抜くことが難しい」「空いたら行けばよいところで行けない」などプレーが詰まったり、攻め切れなくなったりします。

**最強のプレー＝本質は、質の高いシンプルさの組み合わせで成り立ちます。**ところ

## シンプルとは

- 1 無駄をそぎ落とす（シンプル化）
- 2 質の高いシンプルな動きが有効となる
- 3 質の高いシンプルさの組み合わせが最強のプレーになる

が、いくらシンプルでも質が低ければ本質にはつながりません。例えば、シュートの本質は得点を決めることです。そして本質の確率を上げるためにより効率のよい方法を考えて練習します。そうすることでエラーが減らせるからです。ところが肘がぐらつくようなフォームで打っていたらボールの軌道が安定せず、いつまでたっても確率が上がりません。そのときに、「どうしたら安定した軌道でまっすぐにボールを飛ばせるのか」「だったら肘を動かさなければいい」という選択になります。つまり動作がよりシンプルになります。

　マインド面も同じです。不安がよぎったり、コーチに怒られたらどうしようなど、いろいろな考えがあると複雑になります。ここで「自分の仕事をまっとうすればいい」ことにフォーカスできれば、よいパフォーマンスが発揮できます。これもシンプルなマインドから生まれます。

08

# スキルはビルドアップ×ボトルネック解消方式

僕の上達における考え方はビルドアップ方式、つまり積み上げ式です。**何事も土台がしっかりとしていなければ、高く積み上げることができません。**一つひとつのスキルもフィジカルもマインドもそうです。ところが、どこかの積み上げを飛ばしている選手が多いと感じます。これでは高くまで積み上げることはできません。

例えると数学の公式と同じです。ある公式を知っていなければ解けない問題が出たとします。ところがその公式を知らずに、すっと解こうと必死になっている。これでは正解にはたどり着けないでしょう。

また、水道のホースのどこかがねじれていたり、中に小石が詰まっていたりしたら、水はスムーズに流れません。スムーズに流れるようにするためには、小石を取り除く必要があります。

最近はほとんどの人がスマートフォンを使っており、その持ち方がバスケットボー

## スマホの持ち方がシュートフォームに悪影響!?

手を身体の内側に向ける持ち方が習慣化すると、手を外側に向ける傾向にあるシュートフォームに悪影響を与える

ルのシュートフォームに悪影響を与えています。スマホを持つときは手のひらが身体に対して内向きになります（上の画像）。ところがシュートでは手のひらが外向き寄りです。そのためシュートが入らないという事象が近年増えています。これを修正するためには、まずは手首が自然に内側を向くという状態を取り除く（詰まりを取る）必要があります。正確に「詰まり」を取り除くことができれば、スムーズに上達する流れに乗ることができます。

このように、プレー中のどのような動きが上達を妨げるのかを見つけることは、非常に困難です。けれども、見つける手助けをするためにコーチがいます。

一方でSNSからはよい情報がたくさん見つかりますが、情報が整理されていないため、ビルドアップにはつながりにくいことは知っておいてください。

# 09

# 能力を決める4つの要素

**個人技の総合能力は、①マインド（マインドセット）、②IQ、③フィジカル、④スキルの四つの掛け算**だと考えています。例えば、試合当日のマインドセットが足りていなければ「1」だとします。もし他の能力の調子がよくて「5」だとしても、1×5×5×5になってしまうイメージです。

**この四つの能力は、カテゴリーによって「どの能力が高ければ勝てる」といった優先度が異なります。**ユース世代では、③フィジカル→④スキル→②IQ→①マインドセットの順です。例えば足が速い、身長が高い、などが優位に働きます。さらに戦術の理解度が高いといった要素に続きます。

これがアマチュア世代（高校生・大学生・社会人）になると、③フィジカル→④スキル→①マインドセット→②IQになります。プロになると大きく異なり、①マインドセット→②IQ→③フィジカル→④スキルと変わります。もちろん見方や見るポイント

## 個人技の能力

①マインド（マインドセット）×②IQ×③フィジカル×④スキル

## 世代別・勝つための能力の優先度

| | |
|---|---|
| ユース世代 | ③→④→②→① |
| アマチュア世代 | ③→④→①→② |
| プロレベル | ①→②→③→④ |

によってこの順番は変わりますが、おおむねこのように分類できます。

　プロの選手のインタビューで「気持ちで……」といったコメントを聞くことも多いでしょう。このレベルになるとマインドセットがよい状態であれば、自然に他の能力も発揮できることを知っています。そしてプロまでたどり着けた理由がマインドセットにあることも理解しています。

　ユース世代は先ほど挙げたように「身体能力があればなんとかなる」世代です。けれどもその世代から**長期的な視野を持ち、プロのようなマインドセットを持ってもらいたい**のです。この本でもスキルを中心に紹介しますが、練習に向かう場合は自分の考え方を持って取り組んでください。マインドセットを持つことが習慣化できれば、それが自分を上のレベルに押し上げてくれます。

10

# 真似力で上手くなる

バスケットボールの上達には「真似力」が必要で、**❶認識力×❷身体のコントロール×❸思考力×❹自主性で構成され、この能力のすべてを持ち合わせていないと、本当の「真似」とは言えません**し、自ら「これを真似よう」と思わなければはじまりません。

❶認識力とは、見て何がどうなっているのかを分析し、気づけることです。❷は言葉のとおりで、自らの意志で身体をコントロールできれば、思いどおりのプレーができます。❸は何をどうしたらこうなるというロジカルな考え方ができることです。同時に自責思考（できないことは自分に原因がある）で物事を見ることも必要です。こうして考えたことは万人に伝わるような言語化をする必要はなく、自分のなかで理解ができていれば問題ありません。最後に❹は、自分で「こうしたい」と思わなければ、行動がはじまらないということです。すべて

## 本当の真似力とは

**真似力**

**＝**

**①認識力 × ②身体のコントロール × ③思考力 × ④自主性**

は自主性からはじまると言っても過言ではありません。

　ではどのように真似をすればよいのでしょうか？　その答えは**「真似をすることを練習する」**です。先ほど挙げた四つの能力は、はじめからすべてを持っている選手はまずいません。どれかが足りていなくて当たり前です。それでも真似の練習をしていくことで、これらの能力が身についていきます。僕は、**「究極のコーチングは選手たちによいプレーの真似をさせること」**だと考えています。そしてそのためには、トッププレーヤーの動きや憧れのプレーを見て、「どうしたらもっと上手く真似できるのか？」を考えてください。ただし、選手のなかには、自分でプレーを創造でき、自然に上手くなるタイプがいます。こうした選手は素晴らしいものを持っているため、そのまま伸びていけばＯＫです。

## 11

# たかがバスケ、されどバスケ

バスケットボールにすべてをかけている人たちがいます。その方のなかには「レギュラーメンバーに入ること」「シュートを決める」など、結果に囚われる人がいます。熱量が高いことは素晴らしいと思います。だからこそ、その**熱量を一つひとつの小さな結果ではなく、「自分のプレーには何が足りないからレギュラーに選ばれないのだろう？」「次にシュートを決めるためにはどうすればいいだろう？」といったほうに向けてもらいたいと思います。**その根底には、「バスケットボールは、そこまで自分を追い詰めてやるものではない」という考えがあります。僕のところには、「きつい」「つらい」「辞めたい」といったDMがたくさん届きます。けれどもアメリカでよく耳にする言葉は「バスケットボールを愛しているかい？」です。これはどのカテゴリーでも耳にします。トップ中のトップである選手たちも口にしています。日本でプレーして

## みんなで持ちたい「たかがバスケ」

### 指導者や保護者も同じ

- 勝ち負けや結果、周りとの比較などに固執しすぎて子どもたちを威圧したり、暴言を吐いたり、抑えつけたりしてしまう
- 指導者や保護者にも、「たかがバスケ」という考え方が必要

いる皆さんも、もともとはこの気持ちを持っていたし、「バスケットボールが楽しい！」と口にしたことがあるでしょう。ところがいつしか、そのことを忘れていないでしょうか。一度自分に問いかけてみましょう。そして**「たかがバスケだ」**と思えるくらいの心の余裕を持ってもらいたいと思います。皆さんもご存じの富樫勇樹選手は、誰にも負けない熱量でバスケットボールに取り組んでいますが、諦めがよい部分も持ち合わせています。あるとき僕が「身長がもっとあったらと思ったことはある？」と尋ねると、彼は「小さいからできないプレーはもちろんできない。でもこの身長だからできるプレーもある。それを磨いていくだけ」と即答したのです。こうした**「たかがバスケ」と考えられる切り捨て思考や心の余裕を持ってもらいたいと思います。**こうした思考が持てることも、上手くなるために必要だと感じます。

Column

## 「セオリーだから」

中学生のときに読んだサッカー元日本代表の中田英寿氏の言葉です。「ジョホールバルの歓喜」と言われているイラン戦で、岡野選手が決勝ゴールを決めて初めてのワールドカップ出場を決めた試合です。

この試合で中田選手は岡野選手に何度もパスを出しましたが、なかなかゴールを割ることができませんでした。そして中田選手が放ったシュートをキーパーが弾き、走り込んだ岡野選手がゴールを決めたのです。このときはめちゃくちゃ嬉しい瞬間だと思います。自分だったら歓喜の輪に飛び込んで仲間と勝利を喜んだかもしれません。ところが中田選手は「（ゴールまでのプレーがすべて）セオリーだから」と冷静に語っていました。

中田選手は、「サッカーの公式に従ってボールを追う。カンだけでプレーをしても組織的なプレーにはならないから。だから僕の頭のなかには常にセオリーがある」と述べています。つまり、頭のなかにゴールまでのプレーのイメージがあり、逆算して実行した結果だったために、当たり前と受け止められたのでしょう。その背景には、相当の準備と努力をしてきたことは間違いありません。だからこそ淡々と結果を受け止めたのだと思います。

彼のこの言葉は、当時チームで孤独を感じていた僕に突き刺さり、どこか自分と重ねていました。それが今の僕を構成している1つの要素であることは間違いありません。

PART
2

# シュートスキルを磨く「型」

# 理想×個性のシュートフォームを身につける

NBAを代表するシューターであるステフィン・カリー。
理想のシュートフォームを持つ選手の1人である

## 型を知り、チェックポイントを見ながらトレーニングを繰り返す

NBAで最高のシューターと呼ばれる選手たちには、それぞれの個性と共通点があります。その共通点はエラーが少ないフォームでシュートを打つこと。バスケットボールでは、ダイナミックに動きながらボールに力を伝え、正確にリングに向かって打つ必要があります。その際にしっかりと止まれること、そしてシュートフォームがぶれないことが非常に大切です。この

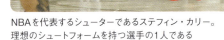

# このパートの構成

## 1 型を知る

▶▶▶ 38～44ページ

理想のシュートフォーム＝理想の「型」を、実際のフォームから逆再生する形で作り上げていきます。

## 2 起こりやすいエラーの動きと修正ポイント

▶▶▶ 45～51ページ

自分を撮った動画を見ながらここで紹介するポイントをチェックし、よりよいフォーム習得のヒントにしてください。

## 3 トレーニング集

▶▶▶ 52～73ページ

「型」を身につけ、よい動きを身体に浸み込ませるためのトレーニング集です。「型」を理解したのち、こちらのドリルに進んでください。

パートのはじめに、ぶれないシュートフォームの「型」を紹介し、続けて起こりやすいエラーの動きと修正ポイントを伝えます。その後、よいシュートフォームを身につけるトレーニングに入っていきます。

熱量を持って取り組むことはもちろんですが、「ビデオで動きを撮影して一流プレーヤーと比較する」「自分の動きを見てチェックポイントと照らし合わせる」、そして何より「絶対に直したほうがよい致命的な動きを知る」ように努めてください。そうすることで、よりよい方向性を持つことができ、スマートな上達につながります。

# 理想のシュートフォームの「型」

ここからはシュートフォームを6つのフェーズに分け、そのフェーズを逆再生するような形で紹介します。それぞれの動きのお手本はこのページのQRコードから見られます。まずは理想のフォームの全容をつかんでください。

動画はこちら

## 型1

# フォロースルー（リスト）

### 「型」のポイント

- ボールが手から離れるときの最後の指を探す
- その指をゴールに向ける
- フォロースルーをリラックスして作る

**Yuta's Voice**

人差し指か中指かその中間か、ボールから最後に離れる指がどこかを見つけます。この2本の指が基本ですので、小指や薬指が最後に離れるのはよくありません。指が見つけられたらリラックスした状態で、ゴールに向けます。これが型の最後の部分になります。

型2

# フォロースルー（ショルダー）

「型」のポイント

- 腕の角度をミニマム45度まで上げる
- 逆手のフォロースルーを添える
- フォロースルーをキープしたまま楽な位置に身体を向ける

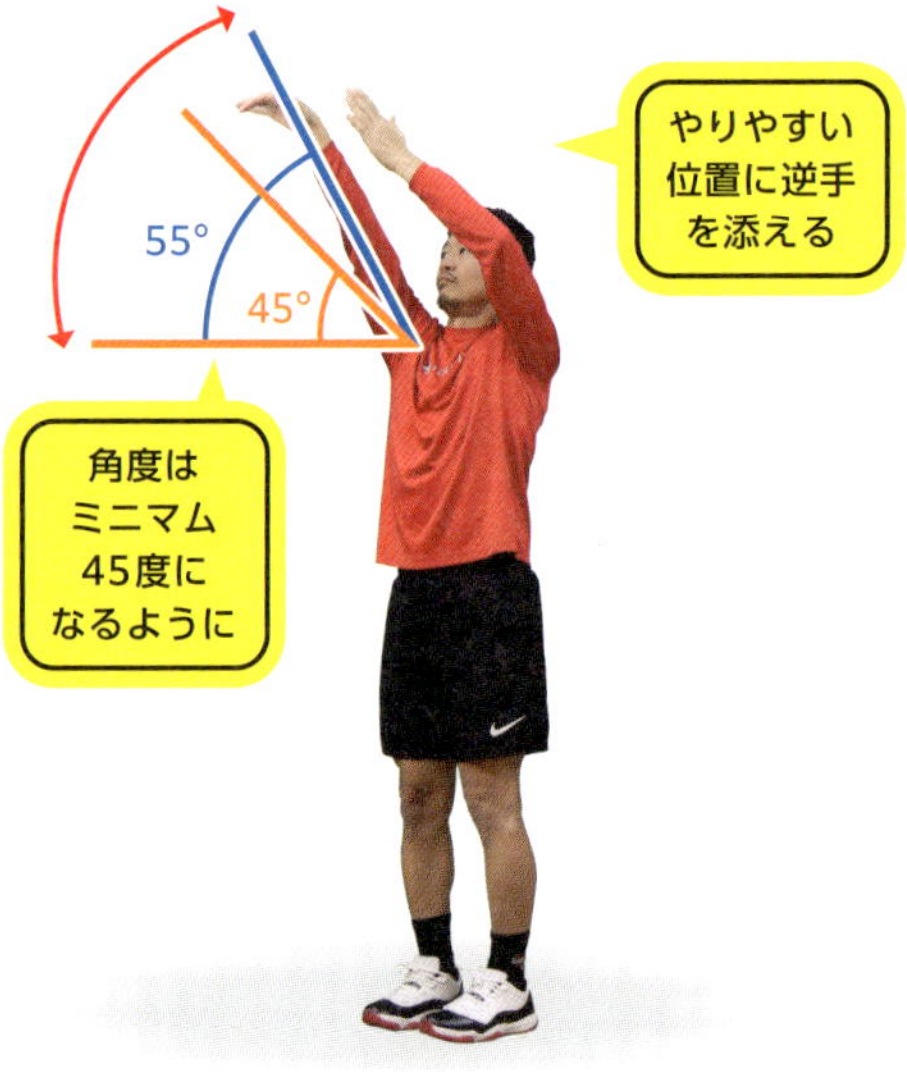

55°
45°
やりやすい
位置に逆手
を添える
角度は
ミニマム
45度に
なるように

Yuta's Voice

腕の角度は45～55度くらいがよいとされています。どの角度がよいかは個性ですので、45度以上に上げて自分にしっくりくる角度を見つけます。またボールに反対側の手を添えます。この添える位置もどこがよいかを探します。そして身体を傾けます。正面がよい選手もいれば斜めがよい選手もいますので、自分にとって楽な位置を見つけます。

型3

# シューティングポケット（ハイ）

## 「型」のポイント

- フォロースルーを落としてシューティングポケット（ハイ）へ
- シューティングポケット（ハイ）のまま逆手を添える
- 逆手を添えても無理がないかを確認

無理のないように逆手を添える

Yuta's Voice

フォロースルーから胸の位置まで手とボールを下げます。個々の身体の構造によって、脇が締まりながら下がる選手もいれば、脇が開きながら下がる選手もいます。必要なことはまっすぐリングに向けることですから、どのようにしたら自然に、まっすぐにリングに向けられるかを逆算しながら下げましょう。そして逆手を添え、上半身に無理な力みがないかを確認します。

## 型4

# フィートセット

### 「型」のポイント

- シューティングポケット（ハイ）でバランスのよい歩幅を決める
- シューティングポケット（ロー）へ下ろす（お腹の辺り）
- シューティングポケットのローからハイへ自然と動かす

**Yuta's Voice**

シューティングポケット（ハイ）の状態でほどよい足幅を決めます。違和感がない幅を見つけたらフリースローラインの下で構えてシュートの準備をした状態（シューティングポケット（ロー））まで一度手とボールを下ろし、そこからシューティングポケット（ハイ）まで上げ下げをします。この動きを繰り返して上半身と下半身のバランスや連動が上手くできているかを試します。

## 型5

# ディップ&ジャンプ

### 「型」のポイント

- 立った状態からディップ（腰を落とす）
- 反動なしでジャンプ&着地
- 捻りなし、前後移動なし

反動なしでジャンプする
立った状態から腰を落とす
落として3秒静止

Yuta's Voice

楽に立った状態から腰を少し落とした姿勢を取り、反動をつけずにジャンプをします。上下にまっすぐジャンプができ、しっかりと着地できるかを確認しながら適した姿勢を見つけます。また、ジャンプをする際に身体の捻りや前後への移動がないかを確認します。

型6

# モーション&リズム

「型」のポイント

- 1モーションか2モーションかを決める
- シューティングポケット(ロー)からハイ、リリースまでのリズムを決める

最終的に1モーションがよいか、2モーションがよいかを決めます。ただしどちらのフォームで打っても、型1から型5までのボールの通り道(軌道)は同じです。そしてこれまで逆再生してきた動きを本来のシュートフォームの流れに沿って動かし、リリースまでのリズムを決めます。なおワンハンドかツーハンドかですが、僕はワンハンドを推奨していますので、ワンハンドがベースだと考えてください。

# 起こりやすいエラーの動きと修正ポイント

ここでは起こりやすいエラーと修正する際のポイントを紹介します。詳細はそれぞれのページで説明します。エラーを修正する際に大切にしてもらいたいポイントが3つあります。それが①すべてのエラーを直す必要はない、②方向・距離・再現性が身体に合っているかを確認する、③マインド（気が散る、判断力の介入）のシフト・フォーカススピードです。それぞれの意味を下の表にまとめましたので、このポイントを理解してからエラーの修正に入りましょう。

## エラーの修正時に大切にしてもらいたいこと

### 1 すべてのエラーを直す必要はない

理想の動きと個性や身体の構造の違いがあります。そのため、上手にできないからといって、すべてを直す必要はありません。致命的だと思った1～2個を修正するだけで十分です。1～2個がよくなればシュートの確率がぐんと上がります。

### 2 方向・距離・再現性が身体に合っているかを確認する

「ボールがゴールに向かってまっすぐに飛ぶのか（方向）」「十分な飛距離が出ているのか（距離）」「何度も同じ動きを繰り返せるのか（再現性）」。この3つを意識しながらシュートを打ちます。その際に力みなくできているかも重要なチェックポイントです。この3つを意識しても上手くできない場合には、何かしらのエラーが起きていますので、致命的なエラーを見つけて修正しましょう。

### 3 マインド（気が散る、判断力の介入）のシフト・フォーカススピード

気が散ったり、判断が関わったりしてしまうと、シュートの確率が落ちてしまいます。そのためどれだけゲームの流れや展開を理解し、身体の反応によってシュートが打てるのかが重要ですし、シュート精度に大きく影響します。この要素は身体の構造上のエラーとは直結しませんが、シュートが入らないという観点からはエラーと言えるでしょう。

## 起こりやすいエラーの動き

**エラー①** フォーム・リズム・フロー

**エラー②** 身体が反る

**エラー③** リリースだけが速い

**エラー④** ボールの持ち方

**エラー⑤** 脇の締めすぎ、開きすぎ

**エラー⑥** 手首が固くて内側へ向く

**エラー⑦** リリース位置が低い

**エラー⑧** ボールを置き去りにする

**エラー⑨** 肩が力み、水平でなくなる（とくに下がる）

**エラー⑩** 足元のバランスが悪い

**エラー⑪** 迷いがある、自信が持てない

エラー①

## フォーム・リズム・フロー

フォーム、リズム、フロー（一連の動作の流れ）が悪いなど、シュートが全体的に仕上がっていない状態です。「型」が十分に身についていないために起こるエラーです。修正するためには一から型を習得するプロセスが必要です。

エラー②

## 身体が反る

身体が反るとシュートの飛距離がズレたり、バランスが崩れやすいためにシュート精度が落ちたりします。フェイダウェイという意図的に後ろに傾いて打つシュートもありますが、基本の「型」としては、まっすぐな姿勢をおすすめしています。多くの選手は肩を上げる際に、身体が反らないと上げられない身体になっています。まずは身体を反らずに肩を上げる習慣をつけましょう。

エラー③

## リリースだけが速い

「型」のフォロースルーでいきなりリズムが速くなる選手がいます。 こうした打ち方はシュートが成功する確率が安定しません。リズムが乱れやすい打ち方であるため、 力みが生まれやすくなります。 この原因は連動性が不足していること。 そのため「型」に戻り、 全身を連動させて打つことを身につけましょう。 水が流れているホースをつまんで、 いきなり離すとパン！と水が放出されます。 それよりも一定の水量が出続けるほうが安定しています。そのようなイメージを持ってみましょう。

エラー④

## ボールの持ち方

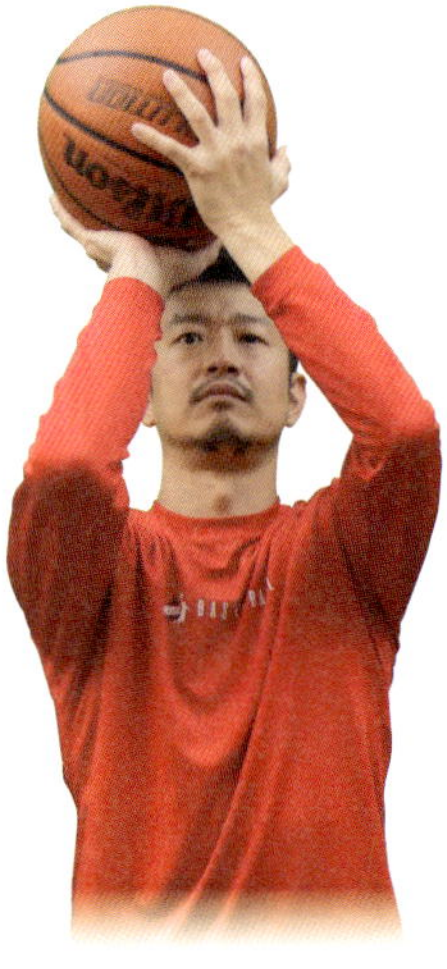

エラーとなる持ち方はいろいろありますが、 悪い代表例が幅の狭い持ち方です。 この持ち方をするとボールを振った際にぶれやすくなります。 そのためもう少し広めに持つようにし、 ボールが安定していることを感じましょう。

## エラー⑤
# 脇の締めすぎ、開きすぎ

個人差の部分ですが、脇を開きすぎるとボールが外側に流れたり、締めすぎると動きが窮屈になったりすることがあります。そのような弊害がある場合には修正が必要です。「型2」と「型3」に戻り、楽にボールを動かせる姿勢を見つけてください。

## エラー⑥
# 手首が固くて内側へ向く

27ページで紹介したように、スマホの使い過ぎで手首が固くなっている選手が多くなっています。シュートはどちらかというと手のひらが外向きになりますから、「型6」のリストの部分を意識し、よい手首の使い方を再習得しましょう。日常生活ではバスケの練習よりもスマホを触る時間のほうが長いでしょうから、日頃から意識することも大切です。

エラー⑦

## リリース位置が低い

とくに子ども世代は、リリース位置が低い選手を多く見かけます。これはまだ身体ができていないこともありますが、ボールを押すことが最優先になっているからです。一度身についたフォームを修正することは難しいため、子ども世代のうちにリリースを極めてもらいたいと考えています。「型」を何度も繰り返して正しいフォームを身につけることで、よりスマートな成長が期待できます。

エラー⑧

## ボールを置き去りにする

ボールを遠くに飛ばしたいために手首をスナップさせてしまい、結果的にボールの下をこするような動きになります。そうなるとボールに力が伝わりません。全身を連動させて打つことでボールに力を伝えるフォームを習得してください。

エラー⑨

## 肩が力み、水平でなくなる（とくに下がる）

力んで肩が傾いてしまうエラーです。こうした打ち方をよく目にしますが、なかなかシュートが入りません。おそらくボールを上げる際に肩が上がりにくいことが原因だと思います。理想は肩がフロアと水平になっていることですが、こうした打ち方をしている人は身体をねじる傾向にあります。そのため身体をねじらずに打つ練習を繰り返しましょう。

エラー⑩

## 足元のバランスが悪い

しっかりと止まれなかったり、シュートの時に身体が流れてしまうエラーです。足の幅が広すぎたり狭すぎると踏ん張りがきかず、シュートが安定しません。自分にとってバランスのよい足幅と、ストップ時のフットワークを身につけることが必要です。

エラー⑪

## 迷いがある、自信が持てない

試合中に打つシュートは、DFがいたりプレッシャーがかかっている状態です。身体的にも精神的にも負荷をかけた「ゲームライク」な状況で練習をすることで、自信を持って迷いのないシュートが打てるようになります。どのような状況でも自信をもって打ち切れるメンタルを育てましょう。

DRILL
01

# フォームシューティング

## 1 膝を曲げ、ボールを持ってシューティングポケット（ハイ）の位置にセットする

理想のフォームは
ボールと前側の肩や腰、
足が一直線になる

### ボールから足まで一直線にし 片手でシュートを打つ

片手でボールを持ち、膝を曲げて立ちます。膝の曲げ方には個性がありますので、力が入りやすい姿勢で立ちます。自分の身体に合わせてポジションを調節しましょう。

また、ボールはシューティングポケット（ハイ）の位置で持ちます。ここから膝を曲げることはせず、足を伸ばすだけの動きになります。足を伸ばしてシュートを打ち、フォロースルーをします。フォロースルーがしっかりとゴールのど真ん中を捉えていることが重要です。自分の骨格に対して、しっかりとアライメント（骨や関節の配列）が並ぶようにしましょう。

動画はこちら

## 2 一直線のラインを保ったまま脚を伸ばしていく

## 3 足の伸ばしから連動して腕を伸ばしていく

## 4 フォロースルーがゴールのど真ん中を捉えるようにする

「型4」から「型1」までの動きを確かめることが目的のドリルです。
右の画像のようにボールから前足までが一直線になるようにします。

DRILL
02

# 身体の連動を高めてシュートを打つ

動画はこちら

## 1 ドリブルを突いたボールをキャッチする

### ボールが上がる勢いと連動し滞りがないかを確認しながら打つ

ドリブルを突いたボールをキャッチし、ボールが上がる勢いと連動してシュートを打ちます。このときにボールの重さを感じずに打てたらＯＫですが、どこかでボールの重さや動きのぎこちなさを感じた場合には、そこに滞りが起こっています。この滞りを取り除き、よりリズムでシュートを打ちます。飛距離を気にする必要はありません。ボールが上がる動きと重心が上がる動きが連動できると、自然に飛距離も伸びていきます。

なおジャンプはしなくてもＯＫですが、最終的には飛んで打つことを目指します。

## 2 ボールをキャッチした瞬間にシューティングポケット（ロー）に持ってくる

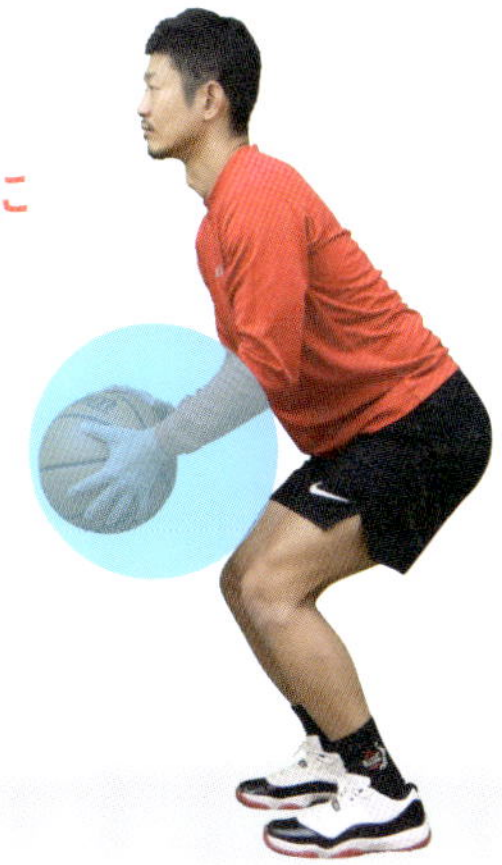

噴水から水が
噴き出すような
イメージ

## 3 ボールが上がる勢いを止めないように真っすぐに上がる

滞りが起こらないかを
確認しながら行う

## 4 ボールの勢いと身体の動きを連動させてシュートを打つ

**Yuta's Voice**

上に向かって力を伝えられるほど、シュートの距離が伸びます。そのためには足・膝・股関節・肩・肘・手首のすべてが動くタイミングが重要です。どこかに滞りがあれば、その部分を見つけて修正しましょう。

DRILL 03

# シュートのスイッチを作る

## 1 スタッガードスタンスを取って ピボットで後ろ足を少し引く

スタッガードスタンスは
前後に足を開いた
スタンス(詳細は88ページ)
少し引いた状態
体重は前足に乗せる
シュートを打つときの足の位置

### シュートを自動で打つためのきっかけを作る

スイッチとは僕の造語です。例えば部屋のライトのスイッチを押すと、どのような体勢であっても電気がつきます。これと同じでシュートのスイッチを押すと、それまでの過程がどうであれ、自動的にシュートが打てるというきっかけを意味します。

　このスイッチになるのが、左右どちらかの足です。どちらかの足が着地した瞬間がスイッチを押した瞬間で、そこから先は自動で身体が動いてシュートを打ちます。シュートを自動化するためには、瞬時に打つ体勢が完成されることが必要です。

動画はこちら

## 2 左足が着地すると同時にボールをシューティングポケット(ロー)に持ってくる

## 3 スイッチを押したら自動でシューティングポケット(ハイ)へ

## 4 その流れのままシュートを打つ

スイッチにはさまざまなバリエーションがありますが、「最後に接地した足」がシュートを発動するスイッチの役割を持つということを覚えておきましょう。

DRILL
04

# 背中を壁やポールにつけたままシュート

## シュート時の背中の反りを強制的に制御する

シュートを打つ際に背中が反ってしまうと、ボールに力を伝えきれなかったり、ゴールに対してまっすぐに飛ばすことができなくなったりします。このドリルは背中の反りを修正することが目的です。

まずは壁やポールを探し、そこに背中を当てるようにして立ちます。そして背中とお尻の上部、かかとの三点を壁につけたままシュートを打ちます。このような打ち方ができるようになると、背中の反りを制御することができます。この練習後にシューティングをして効果を確認しましょう。

動画はこちら

### 1 壁やポールに背中をつけて立つ

## 2 背中をつけたままボールをシューティングポケット(ハイ)に持ってくる

## 3 背中とお尻、かかとをつけたままシュートを打つ

## 4 先ほどの3点が離れなければOK

このドリルがやりにくい場合には、無意識に背中を反っている可能性があります。シュートフォームに反りが出ていないかを確認するためにやってみてもいいでしょう。

DRILL
05

# スイッチを使ったジャンプシュート

## 1 ドリブルでゴールに向かう

### 実際にスイッチを使ったシューティングドリル

56ページで紹介したスイッチを使ってジャンプシュートの練習をします。ドリブルをしてゴールに進み、ポンポンと1、2ステップをして止まります。このときの2ステップ目が着地した瞬間がスイッチになります。スイッチが入った瞬間に自動的にシュートを打ちます。「スイッチが入る」↓「ポンポンと自分のリズムで打つ」といったつながりを磨きましょう。そのためには常に同じ姿勢で止まることが大切です。

動画はこちら

## 2 1ステップ目が地面につく

イチ

## 3 2ステップ目の着地がスイッチとなる

いつもと同じ
姿勢で止まる
ニ

これがスイッチ

## 4 シュートを打つ

サン

**Yuta's Voice**

常に一定の姿勢で止まれない場合には、はじめにPART4のドリルを行い、しっかりと止まれるようになってからこのドリルに挑戦しましょう。

DRILL 06

# スイッチを使ったサイドステップシュート

1 左足で地面を蹴って右方向に動く

## 横への移動でのスイッチを作る

これまでスタッガードスタンス（縦）のスイッチを紹介しました。ここではサイドステップを使った横のスイッチの作り方を紹介します。ステップバックではないので注意してください。

　動きたい方向に対して外側の足で地面を蹴り、動きたい方向の足でしっかりと止まります。そこに地面を蹴った足を寄せて着地します。この着地がスイッチとなり、自動的にシュートが発動します。左側のボールから足までのラインよりも肩が出てしまうとバランスが崩れるため、注意してください。

動画はこちら

## 2 ストップ足(進行方向)でしっかりと止まる。スイッチ足を寄せて着地する

スイッチ足
ストップ足
これがスイッチ

天井を一気に
突き破るイメージ

## 3 シュートを打つ

Yuta's Voice

シュートを打った際に左に流れると成功の確率が下がります。身体のラインがゴールに対してできるだけまっすぐになるようにシュートを打ちましょう。

DRILL 07

# フォロースルーが安定しない場合

## 1 後ろから肩・肘・手首の動きを撮影し、上手く働いているかを確認する

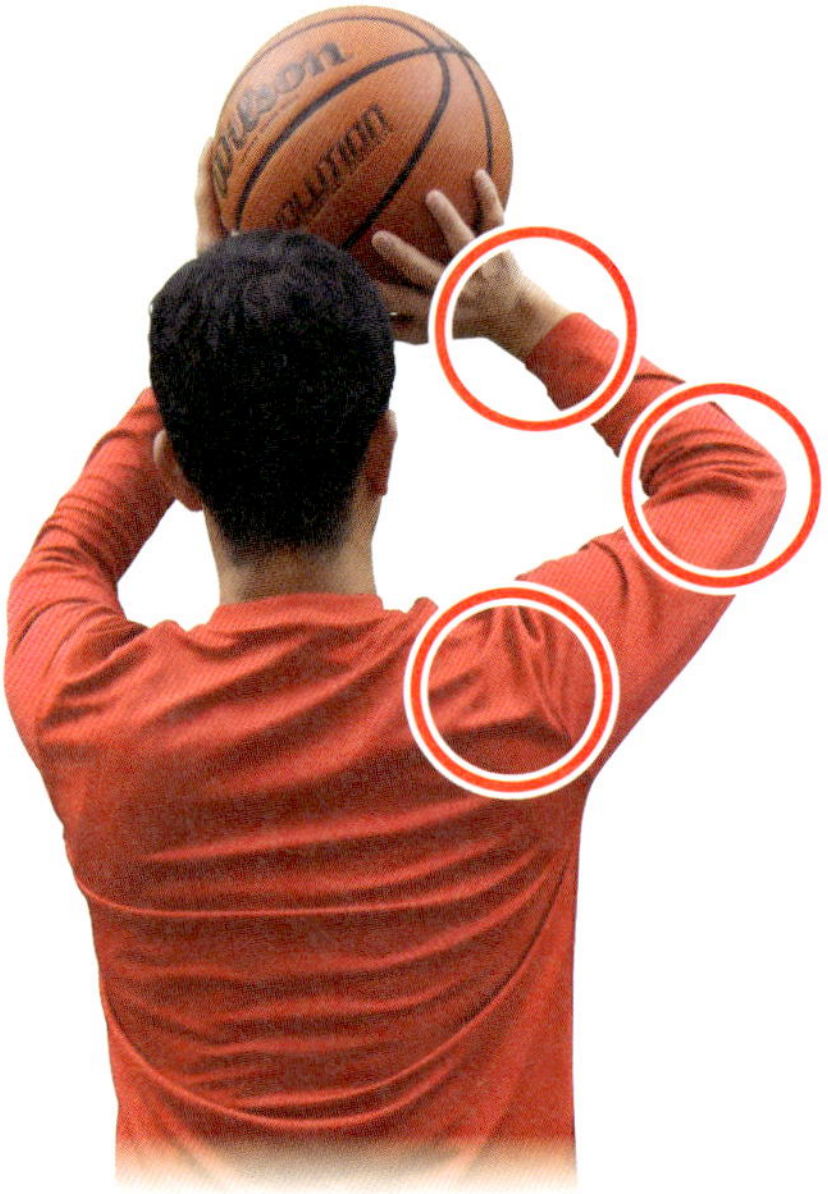

### 後ろから動画を撮ってエラーを見つける

フォロースルーが安定しない場合には後ろから動画を撮り、①肩と肘、手首の動きを見る、②セットから腕を伸ばした際に手首にねじれがないか、③リリース時、常に同じ指がかかっているか、④最後の手首の返しが一定か、の四つを確認します。どこにエラーが起きているのかを確認し、原因を突きとめましょう。

　原因がわかれば、柔軟性なのかボールハンドリングなのか、それとも意識だけで直るのかなど、フォロースルーを安定させるための解決策が見つかります。

動画はこちら

## 2 セットから腕を伸ばしはじめる間に手首がねじれていないかを確認する

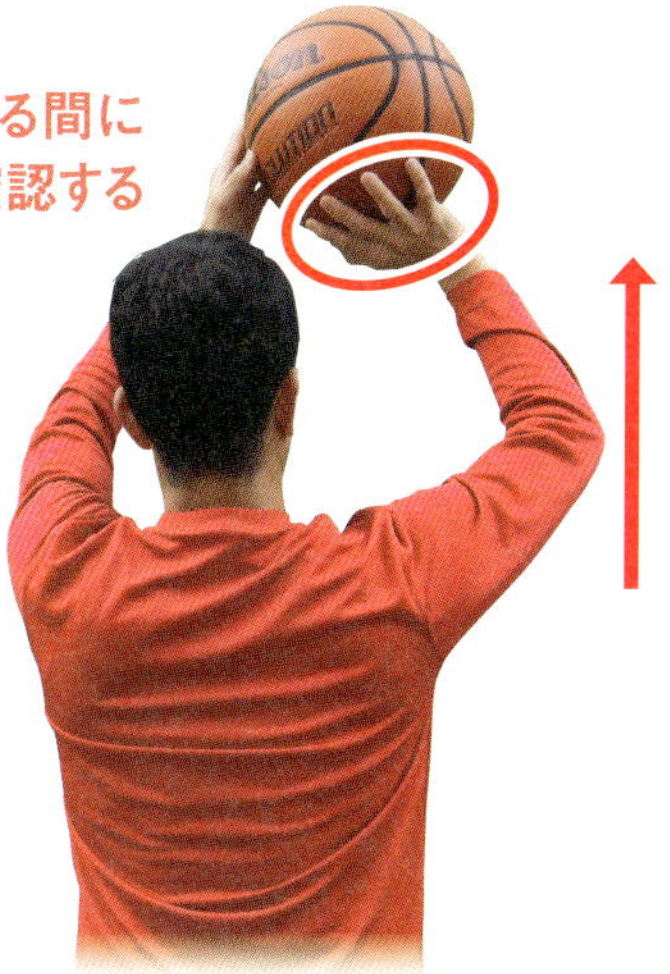

## 3 常に同じ指がかかっているか、同じ方向に力が働いているかを確認する

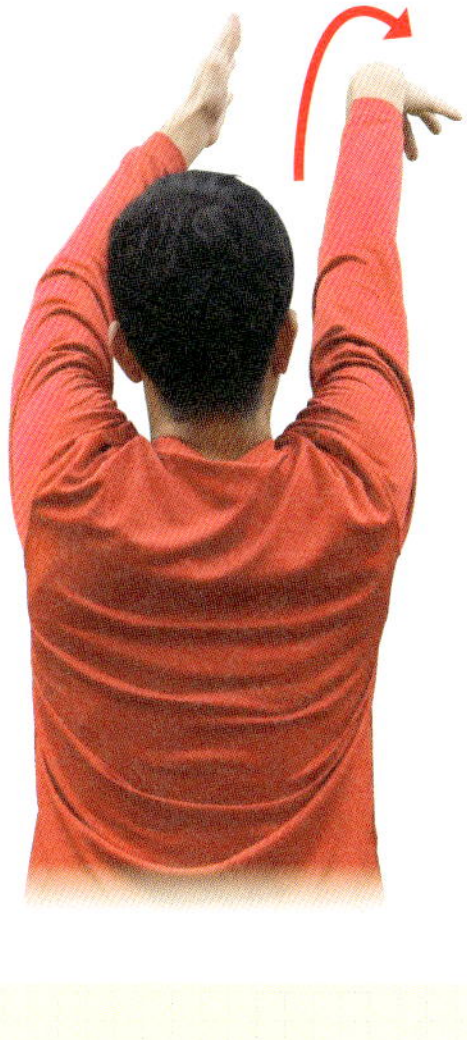

## 4 手首を返す際に返す位置が安定しているかを確認する

フォロースルーの安定はシュートの成功率にダイレクトに影響します。特別なエラーが感じられなくても、ときどき動画を撮って確認してみましょう。

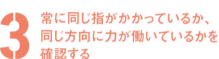

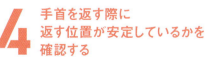

DRILL 08

# 連動が上手くいかずに飛距離が出ない場合（ドロップシュート）

## 1 台の上に両足や片足で立つ

### 足首を固定して反発を得て上にジャンプする

10～15㎝の台を準備し、台から地面に飛び降ります。着地時はきれいでバランスのよい姿勢を意識し、ヒップヒンジ（80ページ）を忘れずに両足で着地しましょう。そして着地の反動を利用してジャンプをし、シュートを打ちます。ジャンプのときは、緩んだ紐をピンと伸ばすイメージで身体を一気に伸ばします。両足でのシュートに慣れたら、最終的に片足で着地をしてシュートを打ちます。

着地の反発からジャンプをする際に、できるだけ「滞り」や「詰まり」の感覚がないようスムーズに下から上に力を伝えます。

動画はこちら

## 2 台の上から地面に飛び降りる

負荷が高いのではじめは両足で行うが、最終目的は片足着地＆ジャンプ


## 3 片足で着地する

## 4 反動を使ってジャンプしシュートを打つ

**Yuta's Voice**

着地をする際には足首を固定します。そうすることでしっかりと床からの反発を受け止め、スムーズなジャンプにつなげることができます。

DRILL
09
# 反転シュート

## 1 ボールを持って立つ

### 身体の軸をまっすぐに保ち
### 安定した姿勢でシュートを打つ

ＮＢＡの最強スコアラーであるケビン・デュラントが長年続けているドリルです。しゃがんだときのスタンスのままジャンプをして回転し、着地した瞬間にスイッチを押してジャンプシュートを打ちます。

①片足と両足で90度回転してシュート、②片足と両足で１８０度回転してシュート、③片足で３６０度回転してシュート、という３つのレベルがあります。

ジャンプをして回転しているときは、軸がぶれないようにすることが大切です。コマのイメージを持ってやってみましょう。

動画はこちら

## 2 1の姿勢から ジャンプして90度回転し、シュートを打つ

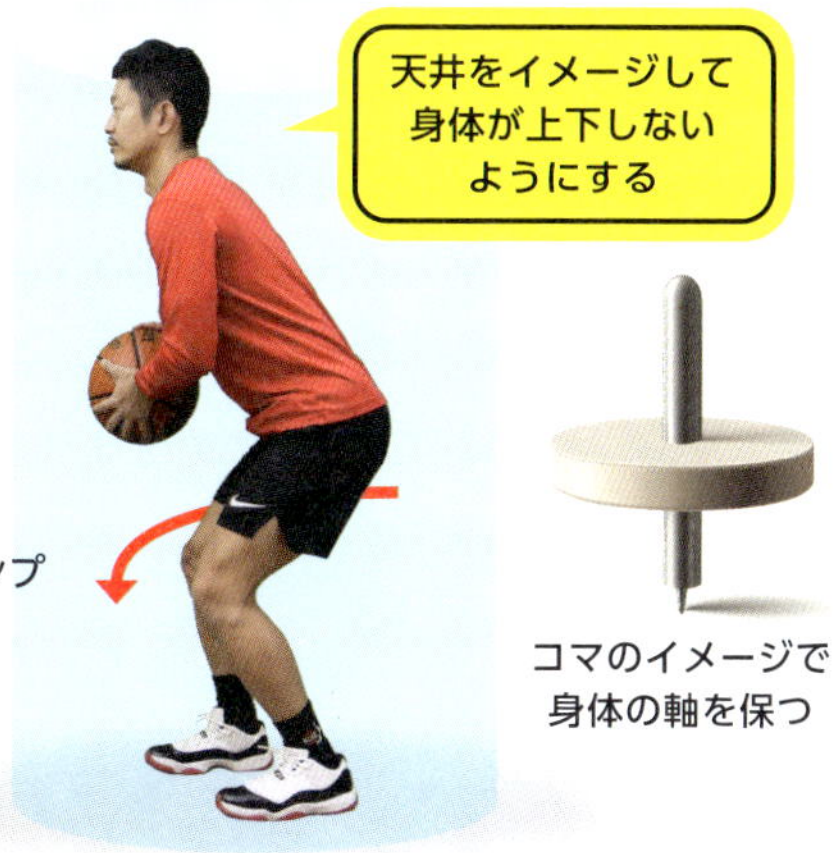
天井をイメージして
身体が上下しない
ようにする
90度ジャンプ
コマのイメージで
身体の軸を保つ

## 3 1の姿勢から ジャンプして 180度回転する

天井をイメージして
身体が上下しない
ようにする
180度ジャンプ
コマのイメージで
身体の軸を保つ

## 4 シュートを打つ

Yuta's
Voice

天井のある筒のなかに立っているイメージで、上下左右に身体がぶれないように回ってシュートを打ちましょう。

DRILL
10

# 2ボールシューティング

## 1 ボールを両手に1つずつ持つ

### メンタルの瞬発力と意識の持ち方を鍛える

ボールを二つ用意し、両手に一つずつ持ちます。一つのボールを空中へ高く放り投げ、ボールが落ちる前に、もう一つのボールでシュートを打ちます。さらにボールが地面に落ちる前にキャッチし、そのままの流れでシュートを打ちます。宙にあるボールが気になりますが、一度無視をして持っているボールを正確にリングに入れることに集中します。そしてシュート後はすぐに落ちてくるボールに意識を切り替えます。メンタルの瞬発力と次のタスクに左右されない意識の持ち方を鍛えられます。

動画はこちら

**2** 片方のボールを上に高く投げる

**3** ボールが落ちる前にシュートを打つ。さらに、投げたボールが落ちる前にキャッチしてシュートを打つ

**Yuta's Voice**

シュートは「今」に集中することが大切です。ブロックや周りの声、崩れた体勢などに左右されず、周りに「邪魔」があるなかで自分のベストなフォームで打てるようになりましょう！

DRILL 11

# 飛距離アップのための肩&腕トレーニング

1 肘を90度に曲げて手のひらを上に向けて握る

2 その状態から素早く腕を伸ばしたり曲げたりする

## シュートに使う筋肉を呼び起こす

この二つはシュート力アップのエクササイズであり、シュートに必要な筋肉を速く動かせるかのチェックにも使えます。

一つ目は斜め45度に腕をまっすぐ伸ばします。上半身がぶれないように行うことも大切です。これができるとリリース時に肘が上がるスピードが速くなります。もう一つは腕を真横にして肘と地面を水平にします。その状態から、肘から先を左右に回します。この動きができるとシュートモーションがスムーズになります。どちらも速攻性があるため、シュート練習前に行ってもよいでしょう。

動画はこちら

1 肘を90度に曲げ、
肩から肘までを
地面と平行にする

肘は地面と水平のまま、
手首を両方向に回す

2 地面と平行を
キープしたまま
手首を左右に回す

Yuta's
Voice

どちらのトレーニングも最初の姿勢をキープした状態で素早く行うことが重要です。正しく行えばすぐに効果を実感できます。

Column

## 「型」を作り上げるまでは
## 飛距離を求めなかった名選手たち

WNBAで活躍しているケイトリン・クラーク選手。彼女はWNBAの観客動員数を塗り替えるくらいの人気選手で、人気の大きな理由の1つがシュート力です。そんな彼女は幼少期にお父さんからバスケを教わっていました。そしてその教えの1つが「絶対に遠くからシュートを打つな」だったそうです。とはいえ周りの子どもたちは3ポイントを練習しています。彼女も当然遠くからのシュートを打ちたかったそうですが、結局お父さんからの言いつけを守ったそうです。そして今になって彼女は「結果的に父の言いつけを守ってよかった」と話していたそうです。

対照的な選手がNBAのスーパースターであるステフィン・カリー選手。彼のお父さんも素晴らしいシューターでしたが、そのプレーを間近で見続けたことも影響したのかもしれません。カリーもお父さんから、フォームの「型」作りのために近くから打つように言われていたそうです。けれども彼はワンモーションで打っていたため、他の選手と比べて飛距離が出ていました。その結果、カリーは「理想の型」を崩さずに打ち続けることで、「型」の精度を上げていきました。

幼少期の練習は真逆に思えますが、今でも素晴らしいシュートの「型」を武器に活躍する2人を見ていると、早い段階で「型」を習得することの大切さを再確認できます。

PART 3

# ドリブルスキルを磨く「型」

# ドリブルの基本を身につける

NBAで頭ひとつ抜き出たハンドラーと言われているのがカイリー・アービング。多彩なドリブルの技術が光る選手である

## 姿勢とベースの動きを覚え ドリブルの型を習得する

ドリブルでは常によい姿勢がベースになります。そのため、まずはよい姿勢を身につけることが重要です。そのうえで五つのドリブルタイプを知り、基本となる動きを身につけます。このドリブルタイプはすべてのドリブルの基本となる動きであり、さまざまなドリブルはこの五つの動きの応用になります。

この姿勢と五つのドリブルタイプを踏まえたうえで、いよいよドリブルの「型」を練習しま

## このパートの構成

### 1 「型」の基本となる姿勢の習得

▶▶▶ 78～81,88～91ページ

すべてのドリブルに必要な姿勢を3つに分けて紹介します。「型」のベースとなる要素です。

### 2 起こりやすいエラーの動きと修正ポイント

▶▶▶ 82～87ページ

姿勢と基本のドリブルで起こりがちなエラーと修正方法を紹介します。

### 3 5つのドリブルタイプと3つのポイント

▶▶▶ 92～95ページ

ドリブルの基本となる動きです。すべてのドリブルはこの動きの応用になります。

### 4 ドリブルの「型」

▶▶▶ 96～109ページ

ステーショナリーと呼んでいるその場でのドリブルです。姿勢とタイプを組み合わせたドリブルの「型」になります。

### 5 「型」の応用

▶▶▶ 110～119ページ

リズムや高さを変えたり、フットワークを加えたりしたドリル集です。ドリルを通してドリブルの質を高めることで、試合で使える技術となります。

す。それが「ステーショナリー（Lv1）と呼んでいるカテゴリーです。ステーショナリーは基本的にその場から動かずに、いろいろなボールの突き方をします。少し複雑に思うかもしれませんが、すべて基本的な動きの組み合わせで成り立っています。上手くできないときは「起こりやすいエラー」を見ながら、よりよい動きを習得してください。そのうえでリズムや高さを変化させるLv2やフットワークを伴ったLv3のドリルに進みましょう。

# 「型」の基本となる姿勢①
# アスレチックスタンス

## アスレチックスタンス

横から

体重の配分はつま先側60%、
かかと側40%が目安となる

正面から

肩や腰が水平であり、
地面と平行にになる

僕がアスレチックスタンスと呼んでいる姿勢で、パワーポジションとも呼ばれます。この姿勢ができてはじめて、「スタッガードスタンス」や「壁ドリルスタンス」につながります。ポイントはつま先側に60%、かかと側に40%程度、体重を乗せることとと、写真のように左右の肩と腰が地面と平行になっていることです。この姿勢のまま腰の高さでボールを突きます。4つのチェックポイントを確認しながら行いましょう。なお、この基本姿勢をしっかりと作れるようになるため、スタッガードスタンスと壁ドリルスタンスの前に起こりがちなエラーと対策を紹介します。よいアスレチックスタンスが作れるようになってから、次の姿勢に進みましょう。

動画はこちら

# チェックポイント① 足はハの字

写真の〇のように足をカタカナの「ハ」の字にし、下っ腹を頂点とした二等辺三角形のような感じにします。日本人は体型的に写真×のようなガニ股になりやすいため、チェックしましょう。「ハ」の字になっていると、左右に素早く動け、コンタクトに耐えられます。ところがガニ股になってしまうと左右の動きに適していなかったり、当たり負けしやすくなったりします。また、両膝が内側に入ってしまうと膝にねじれができてしまい、前十字靭帯を断裂するリスクも高まるため、注意してください。

ガニ股になると左右の動きに適さない姿勢となる。またコンタクトにも耐えられない

## 足はハの字が理想

正面から見るとカタカナの「ハ」は、下っ腹を頂点とした二等辺三角形になる。この姿勢は左右に素早く動け、コンタクトに耐えられる

# チェックポイント② ヒップヒンジ

ヒップヒンジのヒップは股関節、ヒンジは蝶番《ちょうつがい》という意味です。股関節をしっかりと折るように曲げ、背中が丸まらないようにします。ヒップヒンジの姿勢をしっかりと取ることで、身体の後ろ側にある筋肉を効率よく働かせるようになります。

## 背中を丸めずに股関節を折る

よいヒップヒンジが取れることで身体の後ろ側の筋肉を効率よく使える

## 蝶番

このように股関節を折るイメージを持つ

## 股関節を折ることができない

背中が丸まったり股関節を折れなかったりすると、身体の背面が使えない姿勢となる

## チェックポイント③ 身体がぶれない足幅

バランスがしっかりと取れ、押されても簡単に負けないぶれない足幅を探します。幅の広さは個性の部分ですので、自分のよい足幅を見つけましょう。よい足幅かを確認するには、誰かに横から押してもらいます。そしてしっかりと踏ん張れる姿勢をつかんでください。

横から押されてもバランスが崩れない足幅を取る

### ぶれない足幅を見つける

自分の感覚を大事にしながらぶれない足幅を見つける。誰かに横から押してもらって踏ん張れる姿勢がよい

## チェックポイント④ 首はつま先の上

首がつま先よりも前に出ると前傾しすぎてしまいます。そうなると重心も身体の外側（前側）に出てしまうため、安定した姿勢が取れません。よい姿勢の簡単な基準となるのが首の位置です。首は常につま先の上にあるようにします。

適度な前傾の目安となるのが首の位置。首がつま先の真上にくるようにする

## 起こりやすいエラーの動きと修正ポイント

ここでは起こりやすいエラーと修正する際のポイントを紹介します。基本的な姿勢で起こりやすいエラーは、①身体がボールについていく、②ボールをポケットに引きすぎる、③前傾しすぎる、④歩幅が大きい、⑤後ろ重心になる、という5つです。意外と普段のコーチングで言われることも出てきますので、「なぜそれをしてはいけないのか」「どうしたらよいのか」を理解して実践しましょう。

起こりがちなエラー①

# 身体がボールについていく

例えば腰の高さでドリブルをした場合、右利きであれば比較的簡単に右側でボールを突けるでしょう。ところが利き手ではない左手でのドリブルでは、高さがバラバラになったり、身体がボールについていきやすくなったりします。慣れていない動きでもこのような現象が起こりやすくなります。あくまでもアスレチックスタンスを崩さないことが重要です。そのためには身体の中心（軸）をぶれさせないことが大切になります。自分が主体で動き、ボールが自分についてくる感覚です。多くの選手はドリブルのために身体を動かそうとします。そうではなく、自分が動きたいほうにボールをついてこさせることが基本的な考え方になります。実際のエラーを分解して考えると、①左右に寄る、②身体が斜めに動く、③上下に動く（とくに下）があります。「身体の中心をぶれさせない」「自分主体で動く」といった2点を改善のポイントにしてください。

ドリブルのために身体を動かすと、安定したドリブルにならない

身体の中心がぶれないように、自分を主体に動き、ボールは自分の動きについてくるようにする

## 起こりがちなエラー②

# ボールをポケットに引きすぎる

ボールをポケットに引くドリブルがあります。これはズボンのポケットの位置（腰辺り）にボールを引きつけるドリブルですが、一時期この動きがとても流行りました。その結果、引く動きが誇張され、ボールを引きすぎる選手が目につきます。ボールを引きすぎると、無駄な動きが増えていることになり、次の動きにつながりにくくなります。思い切り肩甲骨を引くような動きをするのではなく、コンパクトに次の動きを考えて行いましょう。

過剰にボールを引いてしまうと無駄な動きとなり、続く動きに支障をきたす

素早く次の動きに移れるよう、最低限の動きでボールを引く

## 起こりがちなエラー③

# 前傾しすぎる

まずは下の写真「日本人にありがちな姿勢」と「欧米人の姿勢」を見比べてください。コーチたちから「膝を前に出すな」と言われたことはありませんか？そうすると写真「日本人にありがちな姿勢」のように前傾が大きくなりすぎ、上半身が土台である下半身の外に大きく出てしまいます（重心が身体の外側に出る）。一方で写真「欧米人の姿勢」を見ると、重心が土台から大きくはみ出しません。これは、胴体が短く、どれだけ前傾してもバランスを崩しにくい体型が欧米人によくみられるからです。この前傾はダッシュや加速する際に必要ですが、不必要に大きくなると減速、方向転換やバランスに悪影響を与えます。膝の位置を基準にするのではなく、81ページで書いたように首がつま先の上にくるくらいを目安にしてください。

### 日本人にありがちな姿勢

上体が自分の土台から大きくはみ出すと、前に倒れそうになる。さらに足も前に出しづらい。どれだけ自分の筒の中にいられるかが大事

### 欧米人の姿勢

上体が前傾していても、上半身が短いために土台からはみ出さない。大切なことは上半身の角度ではなく、どれだけ自分のベースに身体が収まっているか（筒の中にいられるか）である

### 目安となる前傾姿勢

素早く次の動きに移れるよう、最低限の動きでボールを引く

起こりがちなエラー④

# 歩幅が大きすぎる

「大きく前に出ろ！」「一歩目を大きくしろ！」も指導の現場でよく聞かれる言葉です。これは加速にかかわる要素ですが、スプリント（短距離）のセオリーでは、身体の中心（重心位置）から前に足が出るほどブレーキになり、重心位置から後ろになるほどアクセル（加速）になります。そのため本来の加速は身体の中心よりも後ろ側に力を加える動きです。つまり足を前に大きく出すと、「ブレーキをかけてから加速する」といった無駄な動きになってしまいます。できるだけ無駄な動きをしない＝歩幅を大きくしすぎないことで初速を速くしましょう。そのためには、歩幅を意識するよりも、足の置き場が重心の下に来ることが大切です。

歩幅は大きくしないほうが初速を速くできる

重心位置から後ろに
足を出すほどアクセル
（加速）になる

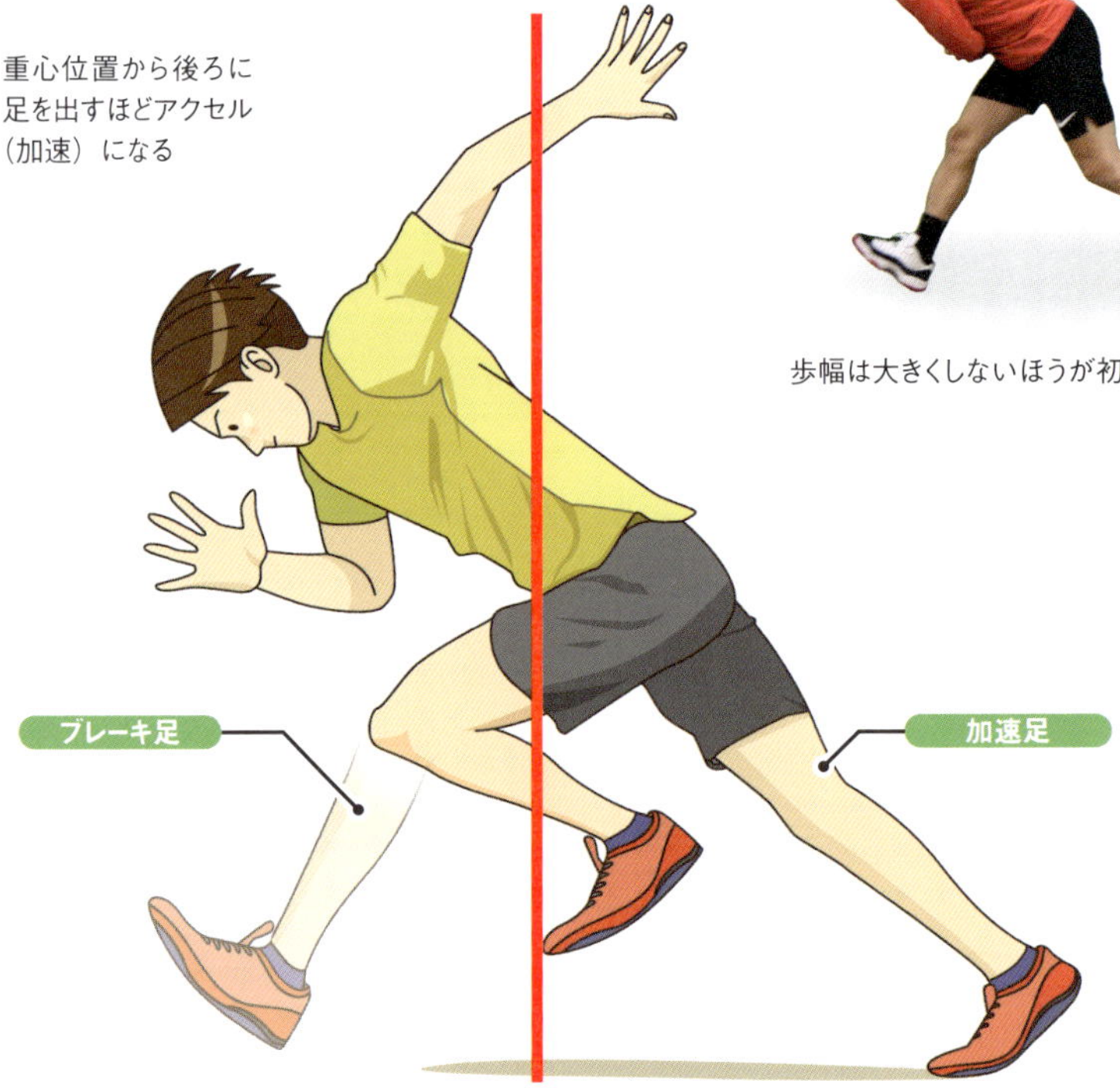

起こりがちなエラー⑤

# 後ろ重心になる

「膝を前に出すな！」「姿勢をよくしろ！」と言われると、すごく後ろ重心になる選手が多いのです。選手によってはつま先が浮いてしまうほどかかとに重心が集まった姿勢を取ります。これでは安定した姿勢でバランスを取ったり、素早く前後左右に動いたり、初速を得たりすることができません。前に書いたように、配分の理想はつま先側が60%、かかと側が40%です。この体重の配分が基本になるように常に意識して練習しましょう。

### かかと中心の配分

かかと中心になると安定せず、素早く動くこともできなくなる

### つま先60%かかと40%

バランスを保っていろいろな方向に動いたり、素早く動いたりするためにはこの体重の配分が基本となる

# 「型」の基本となる姿勢②
# スタッガードスタンス

## スタッガードスタンスのお手本

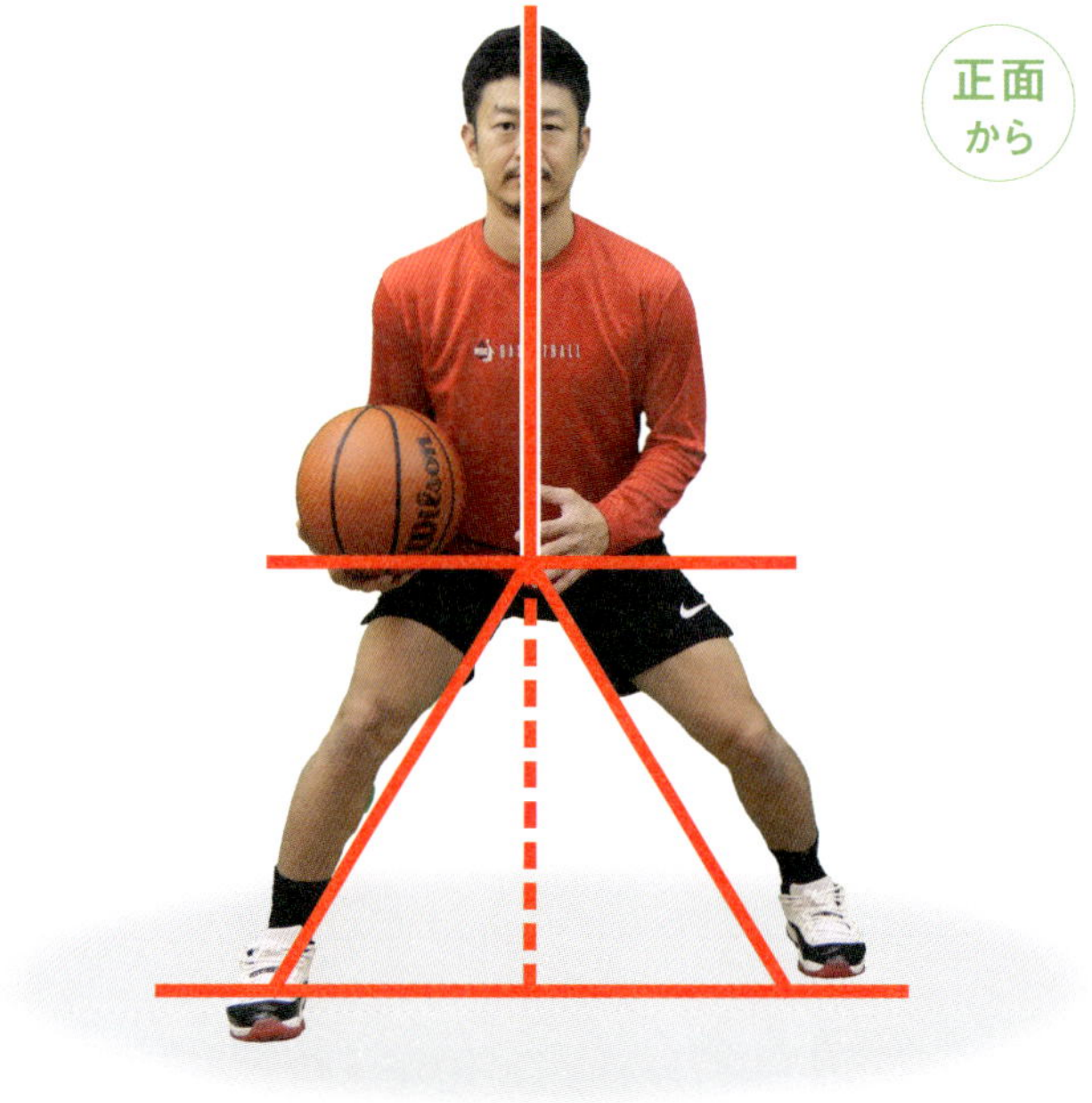

正面から

足を前後に開いた、加速することに向いているスタンスです。ハの字や足の幅など、大切なポイントの多くはアスレチックスタンスと同じですが、足を前後に開いていることが異なる点です。またアスレチックスタンスでも解説した足幅ですが、これが大きくならないようにしましょう。体重の配分の目安は前足60%、後ろ足40%。前後の開き方の目安は、前足のかかとと後ろ足のつま先が同じライン上にあることです。僕はこれを決め事としていますが、皆さんも自分のよい足幅を見つけてください。先ほども書きましたが、このスタンスは「よーいドン」で走り出せるスタンスです。どのくらいの幅が走りやすいのかを探しましょう。首の真下に膝やつま先がくることも目安にしてください。

動画はこちら

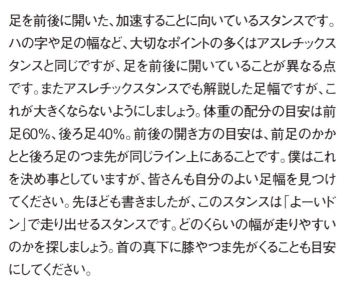

スタッガードスタンスは加速のスタンスで、すぐに走り出せるスタンスになる。前足のかかとと後ろ足のつま先が同じライン上にあることが目安となる

## チェックポイント

- ✓ **ヒップヒンジの姿勢**
- ✓ **横から押されても耐えられる足の幅**
- ✓ **前後の体重配分で走り出せる位置**

# 「型」の基本となる姿勢③ 壁ドリルスタンス

## 壁ドリルスタンスとは

88ページのスタッガードスタンスは加速の準備段階であり、まだスタートをしていない状態です。そこでスタートした後のスタンスでの練習も必要だと考え、壁ドリルスタンスを作りました。これは加速と減速のスタンスになり、アスレチックスタンスとスタッガードスタンスがあります。

トップ選手は前に倒れた角度が深く、前に進むスピードも速いのですが、形だけを真似すると先ほど書いたように前傾しすぎになってしまいます。自分に合った適度な前傾を見つけてください。目安は上の画像のように股関節と膝、足首は均等に曲がった姿勢です。またトップ選手は、この姿勢から予備動作なしに足を前に出してストップします。するとディフェンスとしては対応しづらくなります。こうした止まり方も練習してみましょう。

動画はこちら

## 壁ドリルスタンスのお手本（アスレチックスタンス）

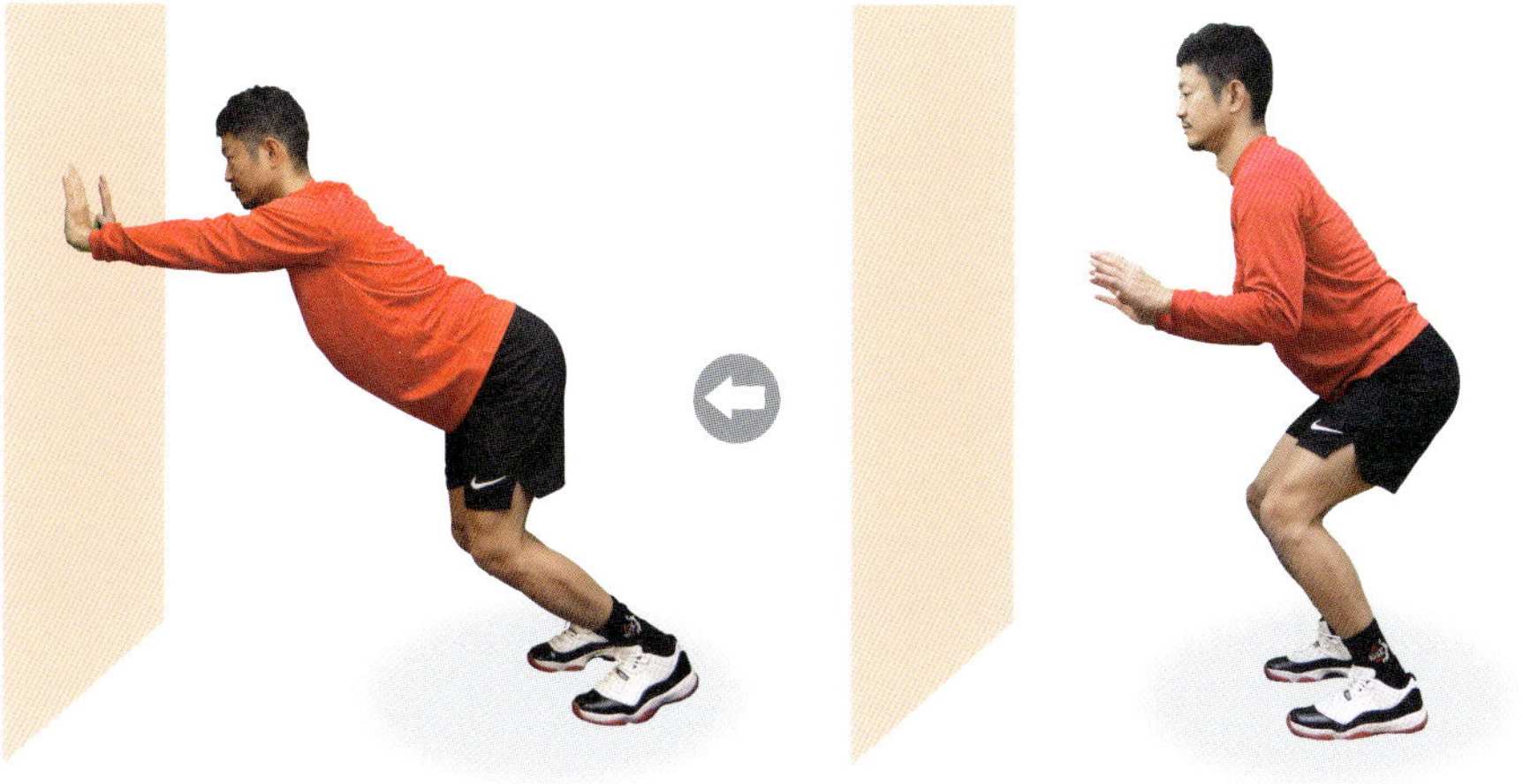

股関節と膝、 足首、 そして首の角度を揃える。 そこからすべての関節の角度を変えずに壁に倒れ込む

## 壁ドリルスタンスのお手本（スタッガードスタンス）

ある程度足の角度を作っておく。 そこから片足を出す。 これが予備動作のないストップにもなる

# 5つのドリブルタイプと3つのポイント

ポイント1

## 予備動作を減らす

予備動作は相手に動きを悟られてしまいます。この予備動作を減らすことがなぜポイントになるのかというと、動きを止められない選手が多いからです。しっかりと動きを止めることはよいスキルの基本となるため、無駄な動きをしないようにしましょう。

ポイント2

## オフハンドを常に使える準備をする

ボールを突く手と反対の手であるオフハンドは、常にボールのそばに寄せておきます。そうすることで素早くボールを持ち替えたり、シュートやパスに移行できたり、ディフェンスからボールを守ったりできます。

ポイント3

## 身体の中心をぶれさせない

身体の中心については起こりがちなエラーでも紹介したとおりです。身体の中心がぶれることでしっかりと止められなかったり、無駄な動きが出たりするなど、マイナスな面ばかり出るようになります。ここも改めて大事にしてください。

ここでは5つのドリブルタイプと重要な3つのポイントを紹介します。ドリブルのタイプは基本となる動きであり、ポイントはすべてのドリブルに共通して必要な要素になります。ほとんどのドリブルはこの5つのドリブルタイプを組み合わせたり、派生させたりしたものになります。そのため5つの「型」の精度を上げることが、今後の上達の土台となります。

動画はこちら

## ドリブルタイプ①

# パウンド

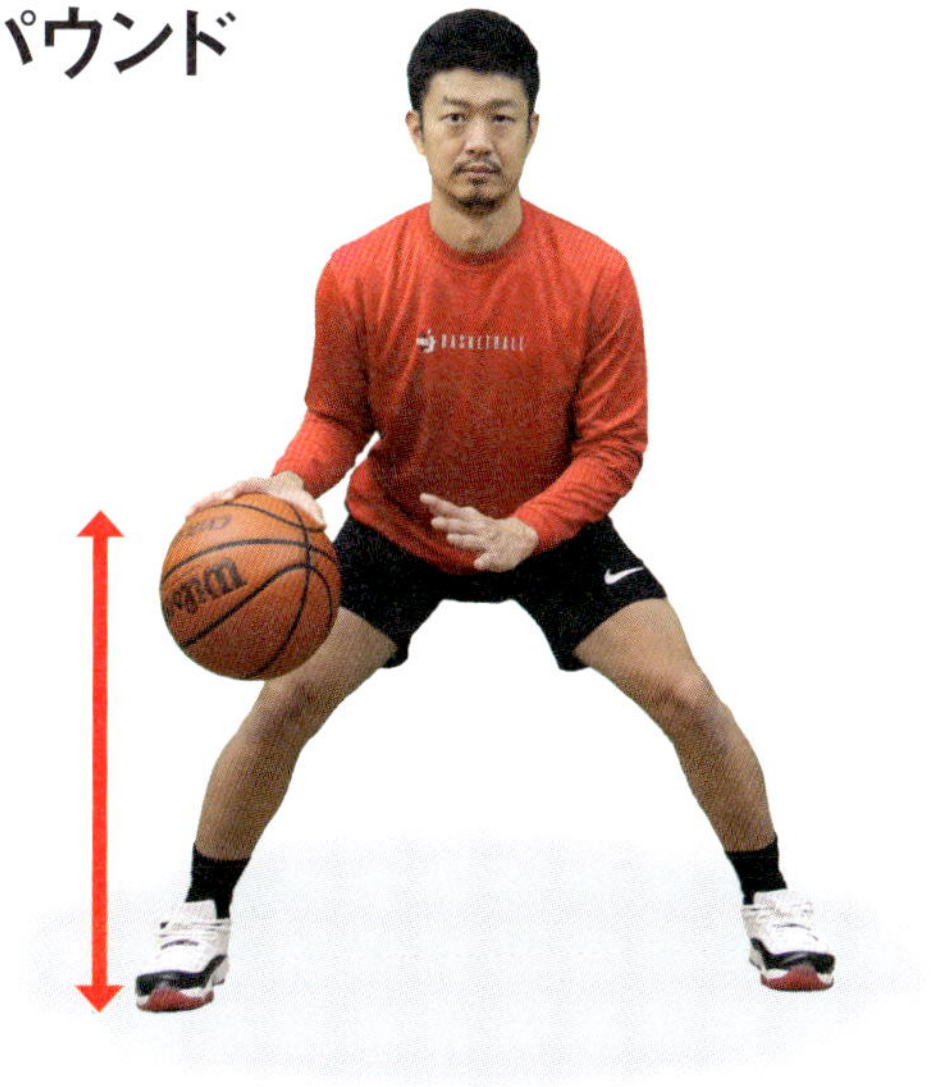

シンプルにまっすぐに突く、直線型のドリブルです。オフハンドを近くに置き、身体の中心がぶれないように同じ高さに突きます。

## ドリブルタイプ②

# V

右から左、左から右に、アルファベットのVのようにボールを突く直線型のドリブルです。ボールを突く方向によって、手の甲を身体の外側に向けたり内側に向けたりします。

## ドリブルタイプ③

# インサイドアウト

手とボールが逆三角形のように動く曲線型のドリブルです。オフハンドをしっかりと添えることが大切です。

## ドリブルタイプ④

# ビハインド

スタンスをアスレチックスタンスにし、身体の後ろにボールを通す直線型のドリブルです。後ろを通す場合はかかと重心になりやすいため、体重の配分を大事にします。

## ドリブルタイプ⑤

# ∞

レッグスルーのようにボールが∞の軌道を動きます。ボールの軌道に合わせて常にオフハンドを添えるようにします。

# 姿勢
# ＋
# 5つのドリブルタイプ
# ＝
# いろいろなドリブルの「型」

次のページからドリブルの「型」を紹介します。

DRILL 01

# ドリブルの「型」① パウンド

## アスレチックスタンスで行う

1
楽な足幅と姿勢で立つ
突く場所はつま先の前辺り。
左右とも行う
2
膝から腰くらいの高さで突き続ける

### 一番基礎となるドリブル

一番基礎的なドリブルです。まずはアスレチックスタンスで立ち、自分にとって楽な足幅と姿勢で行います。楽な姿勢とは、自由に前後左右へ動くことができたり、ジャンプができたりする姿勢です。

ボールの高さは膝から腰くらいで、つま先の前辺りにボールを突きます。またオフハンドは軽くボールに添えておきます。そうすることでいろいろな動きに移行した場合でも、オフハンドを使う習慣がつきます。リラックスして左右とも行いましょう。続けてスタッガードスタンスでも行います。スタンスを左右入れ替えて行います。

動画はこちら

## スタッガードスタンスで行う

**1** 片足を前に出した
スタッガードスタンス
で行う

**2** 反対側も行う。
また反対側の足を前に出して
左右とも行う

Yuta's Voice

この2つの動きで足やお尻が揺れる選手が多いのです。
ここでピタッと身体を止められることが大切になります。

DRILL
02

# ドリブルの「型」② インサイドアウト

1 ボールを内側に回すように動かす

左右とも行う

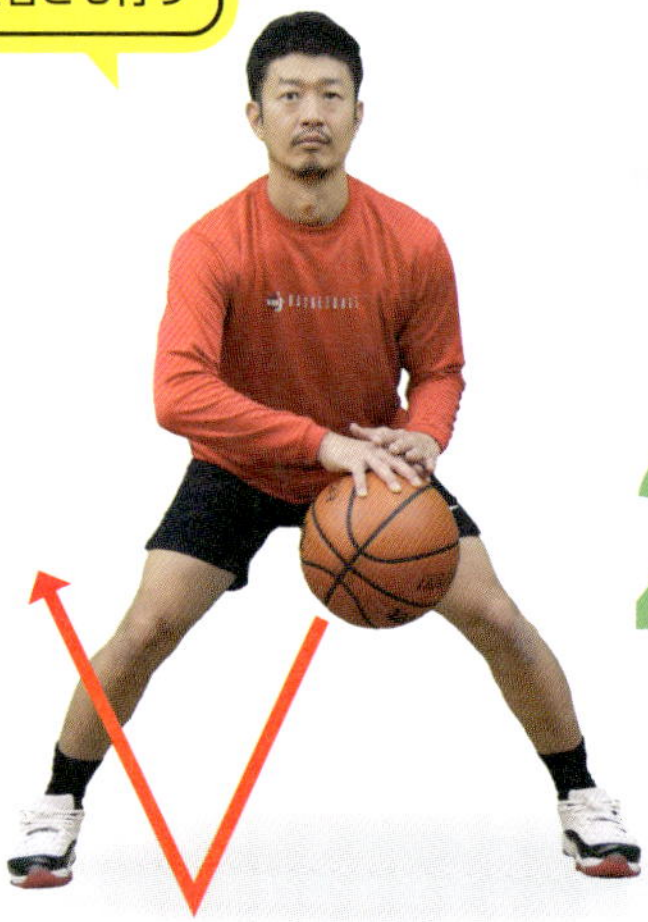

2 ボールを外側に押し出すように動かす。これを繰り返す

スタッガードスタンスでも行う

## 簡単だけど効果が高いフェイクのドリブル

インサイドアウトは、ボールを内側から回すように動かします。内側のほうに動くと見せかけて外側に動くというドリブルのフェイクになります。簡単ですが効果の高いドリブルです。

インのときは身体の前を横切るようにボールを水平に動かします。そして手の甲を内側に向けてボールを受け、そこから外側に押し出すようにします。押し出したら手の甲を返して受け、再びインに動かします。このインサイドアウトもアスレチックスタンスとスタッガードスタンスの両方で行います。

動画はこちら

## インへの動き

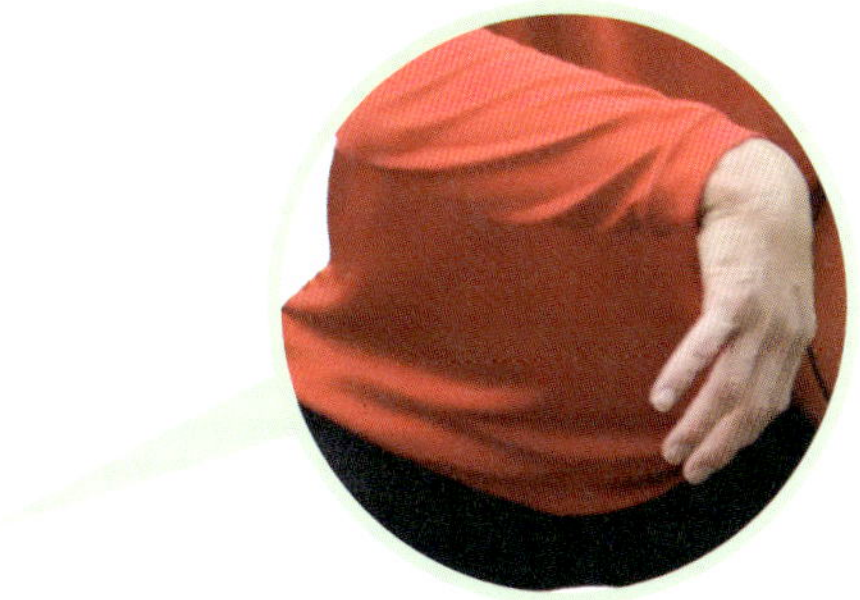

手の甲を内側に返して
ボールを受ける

**身体の前を横切るように**
**ボールを水平に動かす**

## アウトの動き

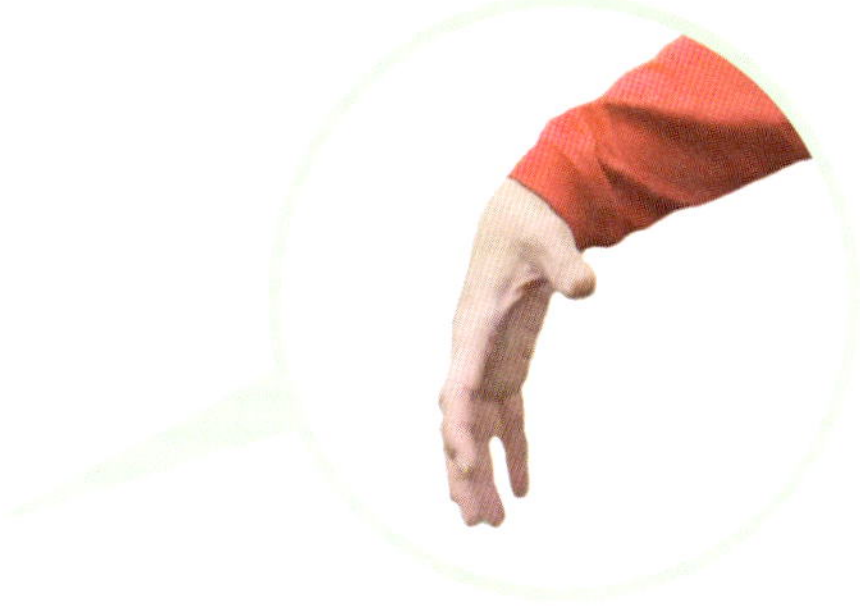

手の甲を返してボールを受ける。そこからスムーズにインの動きに入る

**手の甲は内側に**
**向けたままボールを**
**押し出すように動かす**

ボールの動きに手を合わせるのではなく、手の動きにボールがついてくるイメージを持ちます。身体の中心がぶれないようにキープし、オフハンドを添えましょう。

DRILL
03

# ドリブルの「型」③ V

## 1 外側から内側にボールを突く

### 振り子のように真横にボールを動かす

片手でボールを突き、ボールを左右に動かすドリブルです。ボールの軌道がVに見えることからVドリブルと呼ばれます。インサイドアウトと同様に手の甲を内側や外側に向けてボールを受け止めます。

　ボールを横に動かすと軌道が安定しなくなることがあります。ボールを突く位置を一定にし、振り子のように動かします。それからボールが左右に動くと身体がぶれてしまう選手がいます。意図的に重心を移動させるドリブルもありますが、ここではしっかりと身体を止め、安定した姿勢で行います。

動画はこちら

## 2 内側から外側にボールを突く。反対側の手でも行う

振り子のように
真横に動かす

### Vとインサイドアウトの違い

インサイド
アウト
V

×
とくに利き手の
反対側で
起こりやすい

身体がボールについていって
ぶれないようにする

Yuta's
Voice

オフハンドを添え、ボールの軌道が真横にかつ一定の高さになるようにします。ボールを自在にコントロールできるようになるので、細部までこだわってやりましょう!

DRILL
04

# ドリブルの「型」④ レッグスルー（BTL）

## 1 スタッガードスタンスを作り、身体の中心に軸を作る

### スタッガードスタンスをキープして身体の軸を保つ

日本ではレッグスルーという呼び方が一般的ですが、アメリカでは「between the legs」（足の間を通す、BTL）と呼びます。ボールを横に通すイメージを持っている人が多いかもしれませんが、実際には後ろに引きます。後ろに引いてポケットに持ってくるようにしてからキャッチします。このときに身体が傾かないようにしましょう。キャッチができたら連続で行い、最終的には左右交互に通すように練習していきます。スタッガードスタンスをキープしながら、「次の動きにつなげるためにボールを通す」という意識を持ちましょう。

動画はこちら

## 2 内側から外側にボールを突く

ボールをポケットに
持ってくる

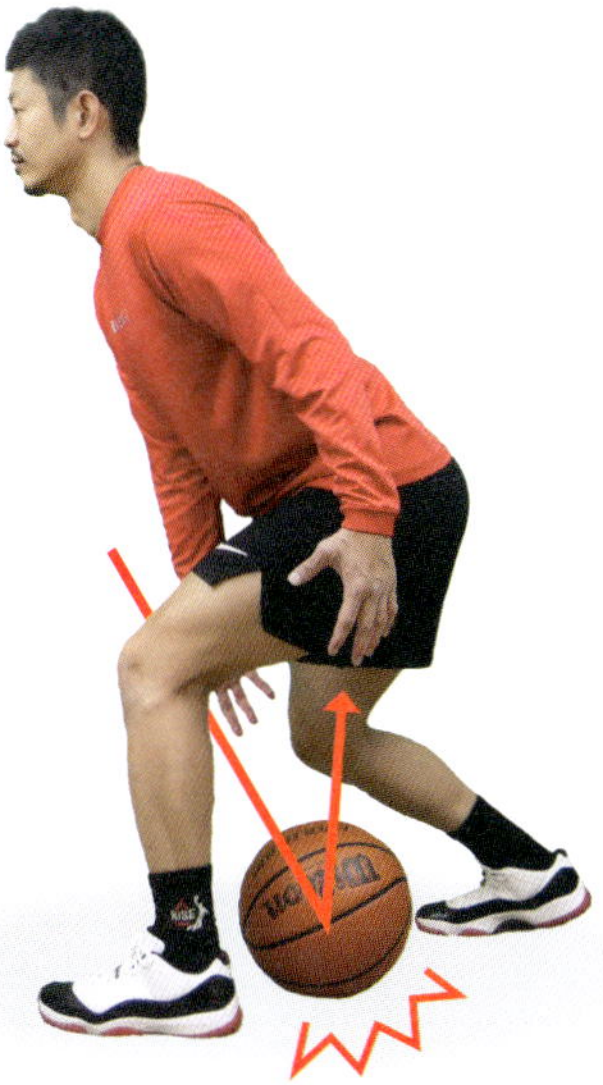

## 3 まずはしっかりとキャッチする。この動きに慣れたらキャッチなしやダブルに進む

とくに利き手の
反対側で
起こりやすい

身体がボールについていってしまうと次の動きにつなげられない

Yuta's
Voice

1回ずつキャッチするステップを飛ばしたくなるかもしれませんが、ここで身体の軸がぶれない動きを習得します。この動きがしっかりとできないと、結果的に成長が遅くなってしまいます。

DRILL 05

# ドリブルの「型」⑤ビハインド

## 1 アスレチックスタンスを取り、身体の中心をまっすぐに保つ

### お尻の下にボールを突いたらお尻をタップ

ボールを身体の後ろ側に通すビハインド。このドリブルものけぞった状態で行っている選手をたくさん見かけます。これまでのドリブルと同様に、次の動きにつなげられることを大切にしてください。

ボールをお尻の真下に突くのですが、安定して同じ場所に突くためには、ボールを突いた後にお尻をタップします。アスレチックスタンスをキープして、ビハインドからキャッチを繰り返します。後ろだけでなく左右や前でも行い、慣れてきたらキャッチなしでやってみましょう。

動画はこちら

## 2 お尻の真下辺りにボールを突く

ボールを突いた後にお尻をタップすると軌道が安定する

とくに利き手の反対側で起こりやすい

のけぞってしまうと次の動作につなげられない

Yuta's Voice

次の動きにつなげられるビハインドにするためには、身体の中心をまっすぐに保って安定した場所に突くことが大切です。姿勢に妥協せずに練習しましょう！

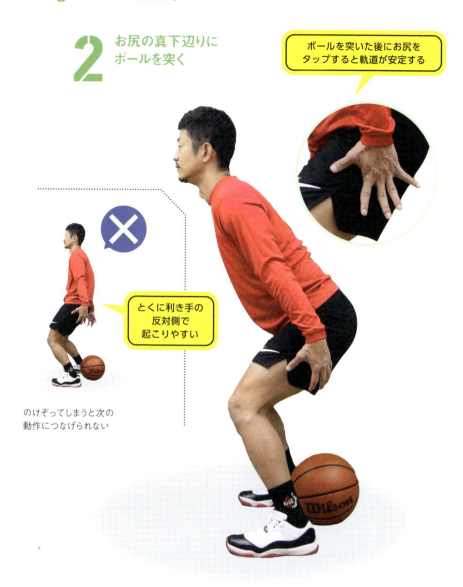

DRILL 06

# ドリブルの「型」⑥ クロスオーバー

## ナローの動き（アスレチックスタンス）

ボールをコンパクトに左右に動かす

肘を曲げた状態で行う

### 幅を出すことよりもコントロールを意識

目の前でボールを左右に切り返していきます。これもアスレチックスタンスとスタッガードスタンスで行います。アスレチックスタンスではボールを真横に動かします。また、スタッガードは前後のつま先を結んだ線上を、ボールが前後に移動します。

　さらにワイドという肘を伸ばした幅の広い切り返しと、ナローという肘を曲げてコンパクトに行う切り返しの両方を行います。ワイドができる選手は多いのですが、ナローができる選手は少ないため、ナローを優先して行いましょう。

動画はこちら

## ナローの動き（スタッガードスタンス）

ボールをコンパクトに前後に動かす

肘を曲げた状態で行う

## ワイドの動き（アスレチックスタンス）

ボールを大きく左右に動かす

肘を伸ばした状態で行う

## ワイドの動き（スタッガードスタンス）

ボールを大きく前後に動かす

肘を伸ばした状態で行う

# ドリブルの「型」⑦ ピボットターンドリブル

## 90度のピボットドリブル

1 アスレチックスタンスでボールを突く

2 片足を軸にして90度回転する。そしてボールを突く

3 元の向きに戻る

### 足身体が反転しても目線は常に前

片足を軸にして、もう片方の足を動かすピボットを使ったドリブルです。スタンスをアスレチックスタンスにし、ボールを突きます。そのまま90度回転してボールを突き、再び元の姿勢に戻ります。また、次は180度回転してボールを突き、元の姿勢に戻ります。アスレチックスタンスのまま動くため、右手にボールを持っている場合は左足を軸足にします。左手でボールを持つ場合には、右足が軸足になります。90度と180度、左右それぞれ行ってください。

動画はこちら

## 180度のピボットドリブル

**1** アスレチックスタンスで
ボールを突く。
片足を軸にして
180度回転する。
そしてボールを突く

**2** 元の向きに戻る

Yuta's Voice

身体とボールを一体化させ、ボールを身体と一緒に押したり引いたりします。ボールの横を持つようにして「カフ」と呼ばれるボールを抱え込むスキルを習得しましょう。

DRILL
08

# 「型」の応用① リズムと高さに変化をつける

1 これまで身につけた
いろいろな
ドリブルで行う

「タン、タタン」のように
リズムが崩れないようにする

リズムは「タン」「タタン」
「タタタン」の3つ

2 それぞれ
3つのリズムで行う

## 三つのリズムと三つの高さで突く

これまでの「型」として身につけた①～⑥のドリブルを使いながら、まずはリズムを変えていきましょう。リズムには「シングル」「ダブル」「トリプル」の三つがあると考えています。動画を見ながらどのドリブルでも三つのリズムで突けることを目指してください。

また、高さは肩・腰・足首、それぞれの高さでボールを突いてみましょう。これも姿勢が崩れないことが大切ですが、足首の場合は前傾が深くなってもOKです。どちらもオフハンドも忘れずに行ってください。

動画はこちら

## 3 肩の高さでいろいろなドリブルをする

## 4 腰の高さでいろいろなドリブルをする

ボールを突く位置が低くなっても姿勢が傾かないように

## 5 足首の高さでいろいろなドリブルをする

足首の場合は前傾が深くなってもOK

リズムはトリプルができない選手が多いのですが、これは経験不足が理由です。どんどんやり込んでください。またリズムを変えると力むケースが多いので、ここにも注意しましょう。

DRILL
09

# 「型」の応用② パウンド＋Vドリブル

## 1 1回パウンドを突く

### 一定のリズムで コンビネーション

パウンドとVを組み合わせたコンビネーションです。それぞれのドリブルがしっかりとできることが重要ですので、上手くできない時は「型」に戻り、それぞれのドリブルの精度を高めましょう。

　このコンビネーションは「パウンドをしてV」の繰り返しで、パンパンパンと一定のリズムで行うことがお勧めです。アスレチックスタンスの姿勢を崩さず、オフハンドを添えてやってみましょう。

動画はこちら

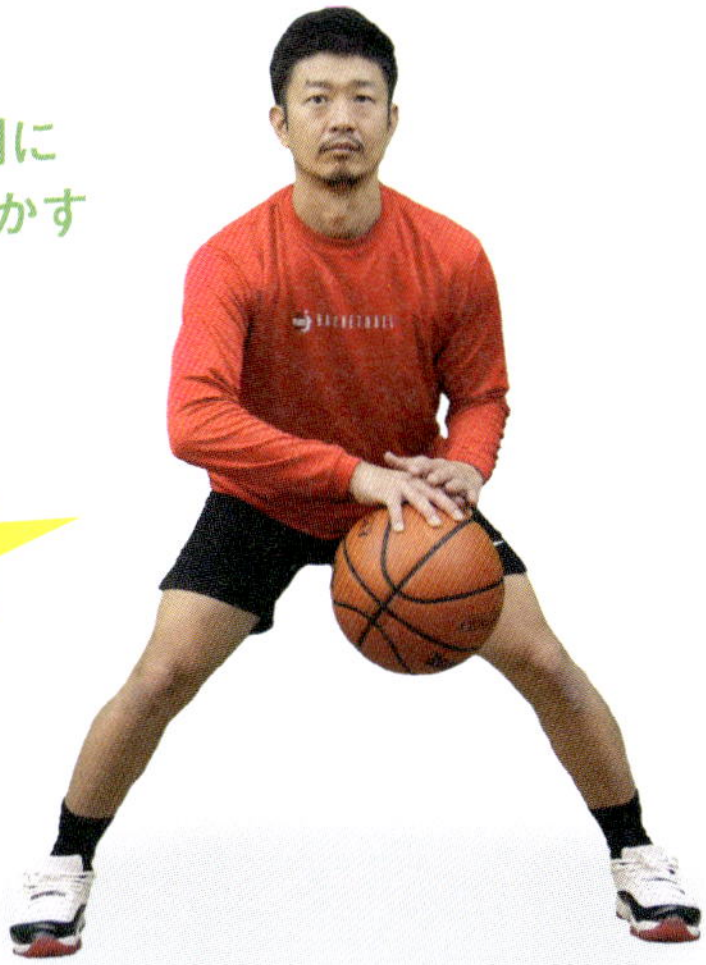

## 2 Vを行う。身体の内側にボールを動かす

身体の中心をぶれさせない

## 3 身体の外側にボールを動かす。これを繰り返す。反対側も行う

オフハンドもしっかりと添える

とくにVのときに
身体をぶれさせない

Yuta's Voice

足やお尻をしっかりと止めたアスレチックスタンスを意識しましょう。そのうえで一定のリズムで行います。パーンパパンなど、自分の得意なリズムにならないように注意します。一定のリズムにすることで、自分の予備動作を消すことができます。

DRILL
10

# 「型」の応用③ パウンド+インサイドアウト

1 パウンドを突く。ボールが真上に上がるようにする

強く突こうとして身体が上下に揺れないように

2 インサイドアウトを行う。この動きを繰り返し、反対側も行う

## 身体の中心がぶれないように行う

パウンドとインサイドアウトを組み合わせたコンビネーションです。パウンドとインサイドアウトを繰り返します。アスレチックスタンスをキープし、一定のリズムで行います。身体が上下や左右にぶれないようにし、オフハンドを添えます。また、ボールを強く突こうとして身体が上下に揺れる選手がいます。そこまで力む必要はありませんので、身体がぶれないように突き続けましょう。

動画はこちら

DRILL 11

# 「型」の応用④ パウンド＋BTL

1 パウンドを突く。ボールが真上に上がるようにする

2 レッグスルーを行う。この動きを繰り返し、反対側も行う

## スタッガードスタンスを崩さずにリズムよく

スタッガードスタンスを作り、安定した姿勢で行います。パウンドをしたらレッグスルーを繰り返します。

特に足を前後に入れ替えるときに、上下運動をしないようにします。頭の上に天井があるイメージで行うとよいでしょう。また、足の前後が入れ替わる際には、八の字のキープが難しくなります。この部分に注意して練習してください。

動画はこちら

DRILL 12

# 「型」の応用⑤ クロスオーバー

## センターラインに戻るクロスオーバー

1 センターラインに立って
アスレチックスタンスを作る

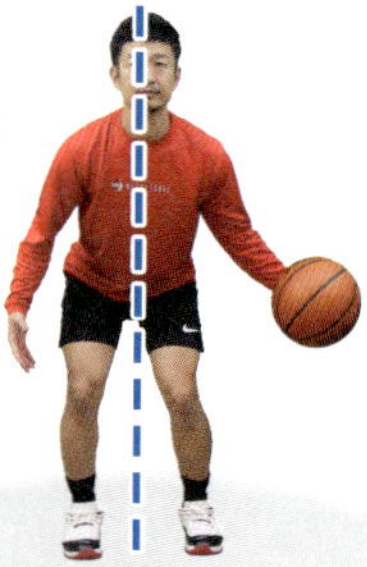

2 片足を横に出して
クロスオーバーをする

すねの角度を
45度くらいにすると
素早く戻れる

反対側の
手でも行う

外足が
45度に
なるように

### 歩幅をコントロールして身体の安定をキープする

ここからはフットワークを使ったドリル（Lv3）を紹介します。まずは二つのクロスオーバーです。①センターラインに戻るクロスオーバーと、②前後に動くV字クロスの二つがあります。①はセンターライン上に立ち、左右に足を踏み出してクロスオーバーをします。②は足を斜め前に出してスタッガードスタンスになり、ボールを前に出したら引いてくるようにします。ダイナミックな動きになるため、しっかりと動いて止まることを大事にしてください。ただし、歩幅が大きくなりすぎないように注意します。

動画はこちら

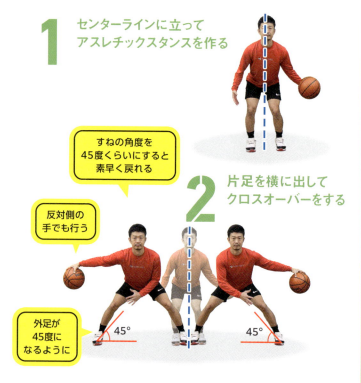

# V字クロス

**1** センターラインに立つ。
片足を前に出し、
前から後ろにボールを
引くようにクロスオーバー

**2** 反対側に踏み出して
クロスオーバー

反対側の
手でも行う
ボールの軌道は
前足のつま先から
後ろ足のつま先へ

**Yuta's Voice**

動きがダイナミックになると歩幅が大きくなりすぎたり、オフハンドの意識が薄れたりする選手がいます。身体の中心を保つことと、しっかりとオフハンドを添えることを大事にしましょう。

# DRILL 13

# 「型」の応用⑥ フロート

## 1 ボールと身体が下がるタイミングを合わせる

このイメージ
下がる動きに
アクセントをつける

### ボールの上下に合わせて重心も上下させる

僕が最も大事にしているムーブの一つです。レッグスルーをしながら前に詰めるのですが、ボールを突く時に身体を下に落とします（ドロップ）。そしてボールが上がるタイミングで重心を上げ（フロート）、少しずつ前に進みます。そして足を入れ替えてレッグスルー。ドロップがフェイントになるため、下への動きにアクセントをつけましょう。またボールが高くならないよう、腰辺りでキープします。慣れてきたらフロートからストップをして、クロスやビハインドと組み合わせましょう。

動画はこちら

## 2 ボールが上がるタイミングに合わせて重心を上げる

ボールが高くなりすぎないよう腰辺りにキープする

浮くときにDFが油断して構えやすい

抜けるようであればこのタイミングで仕掛ける

## 3 前に進みながら足を入れ替えてレッグスルーをする

このイメージ

Yuta's Voice

3のフロートの頂点は「タメ」を作る瞬間です。スキージャンプで「飛んだ後に宙から地面を眺めるイメージ」で浮いている身体を感じましょう。

Column

## 自責思考と他責思考

自責思考とは、「物事がうまくいかないときにその原因を自分自身にあると考える思考スタイル」であり、他責思考とは「物事が起きたときに自分以外の要因に責任を押しつける思考スタイル」です。

PART1では、真似をすることの大切さ（16、30ページ）について述べました。この時にぜひ真似てもらいたいことが、一流プロ選手のマインドセットであり、自責思考です。よく聞く話に「他人がこうしろと言ったのでやってみたら失敗した」といった表現です。他人に言われたにしろ、実行するのは自分自身ですし、こうした思考の選手を監督はゲームで使いたいと思うでしょうか？　自責思考を貫くためには、起きた出来事を認識・分析し、次に上手くなるための試行錯誤と練習の積み重ねが必要です。そして超一流の選手たちは、間違いなくこの思考スタイルを持っています。

時には人のせいにしたくなるかもしれませんが、それは成長の妨げです。原因は自分にあると考えることで、スキル面や戦術面の成長につながりますし、その姿は人を引きつけるでしょう。そしてバスケットボールを通じて得た自責思考が、自分の人生においても、大切な役割を果たしてくれるに違いありません。

皆さんも今この瞬間から、自責思考を取り入れてもらいたいと思います。

PART

# 4

# フットワークの「型」を磨く

# すべての動きに必要なフットワークを身につける

ドリュー・ホリデーの最大の武器はディフェンス能力であり、スティールを得意とする。最も優れた守備能力を発揮した選手に贈られるオールNBAディフェンシブチームに何度も選出されている

## フットワークの「型」を身につけるために

すべての動きに必要となるフットワーク(ムーブメントスキル)には、①加速、②減速、③方向転換があります。つまり、①動く、②止まる、③向きを変えるであり、フットワークの「型」を身につけることで、自由自在に、誰よりも速く加速や減速ができます。そして当然、加速と減速の繰り返しである方向転換も素早くできるようになります。

また、バスケ特有のスキルであるクロスオーバーやジャンプ

# このパートの構成

## 1 フットワークの基礎知識

▶▶▶ 124～127ページ

フットワークの「型」は、いろいろな動きと身体の使い方を身につけ、最終的に①加速、②減速、③方向転換の質を高めます。

## 2 起こりやすいエラーと修正ポイント

▶▶▶ 128～129ページ

力を加える方向や強さやイメージを持つことの大切さ、フットワークの種類など「型」の習得前に知ってもらいたい基礎知識を紹介します。

## 3 フットワークの「型」を身につけるドリル

▶▶▶ 130～140ページ

「型」に必要なさまざまな動きを身につけ、強化するドリルです。

ストップ、ステップバック、ジャブ、ディフェンスフットワークもすべて基本の型から派生していきます。そして動作が上手な人は、なぜかIQも高い傾向にあります。不思議と「賢いな」と思う選手はきれいな動きだなと思うことが多いのです。人柄は所作に現れるのではないかとも思っています。

このパートでは⑴フットワークに必要な「型」と構成要素、⑵起こりやすいエラーと修正ポイント、⑶フットワークを身につける練習ドリルと展開していきます。また、「なぜフットワークが必要なのか」についても解説します。フットワークが必要となる理由と原理原則への理解を深めつつ、実践してください。

# フットワークで重要な「力」と「イメージ」

## 力には方向と大きさがある

大きく強い力の発揮

素早く小さい力の発揮

地面に力を加えると、跳ね返ってくる力が発生します。これを「床反力《ゆかはんりょく》」といいますが、脚で地面を押す（地面に力を加える）→地面から力が跳ね返る（自分が動ける）ようになります。この床反力は、短い時間で大きな力を発揮できるほどスピードアップ（加速）や急激なストップ（減速）につながります。また、本書では画像に矢印で方向を記載しています。このように「どこにどのくらいの強さ」で矢印が向くべきかをイメージして実施することで、効果が高まります。そしてこの動きができるようになれば、少ない予備動作で爆発的な動きができるようになります。その理解を深めるため、本書では力の「方向」と「大きさ」を矢印の向きと太さで表しています。練習時のヒントにしてください。

## イメージ

身体の外に意識を向ける

身近な動きと関連づける

イメージを持つことはとても大切です。私たちの身体は、自分の身体の内側（内的）よりも、身体の外の環境（外的）に意思を持っていったほうがパフォーマンスが上がると言われています。例えば「できるだけ素早く脚を下ろして」（内的）と言われるよりも、「地面を突き破るように脚を下ろして」（外的）と言われたほうが、よりスピードやパワーが生まれることが科学的に証明されています。言い換えると、外のものに対してアクションを起こすイメージを持つことです。とくにフットワークにはスピードとパワーがかかわるため、しっかりとイメージを持ち、身体の外に意識を向けてトレーニングすることが大切です。

## 5つのフットワーク

バスケのスキルに直結するフットワーク

「型」を構成する5つのフットワークを紹介します。フットワークにはたくさんの種類がありますが、ここで紹介する5つはバスケットボールの動きに特化したものです。動画を参考にして、力の強さと力を加える方向、タイミングをつかんでください。

### ①ローワリング（ドロップ）

重心を落とす動き（ドロップ）になる。地面と平行になるまでお尻を落とす

### ②ラテラルスライド（アスレチックスタンス&スタッガードスタンス）

横移動のスピードと幅が広がる。地面に力を伝える効率が上がる

### ③Vステップ

腰を落とした低い姿勢で、頭を上下させずに脚を前後に入れ替える

動画はこちら

### ④クロスステップ

素早く脚を交差させる。素早い方向転換のベースとなる

### ⑤マルチプレーンハーキー

**（ボード付・アスレチックスタンス&スタッガードスタンス）**

脚を速く細かく動かす減速の仕方。ボードを使い、素早く真下や斜め下方向に力を加える

## フットワークのつながり

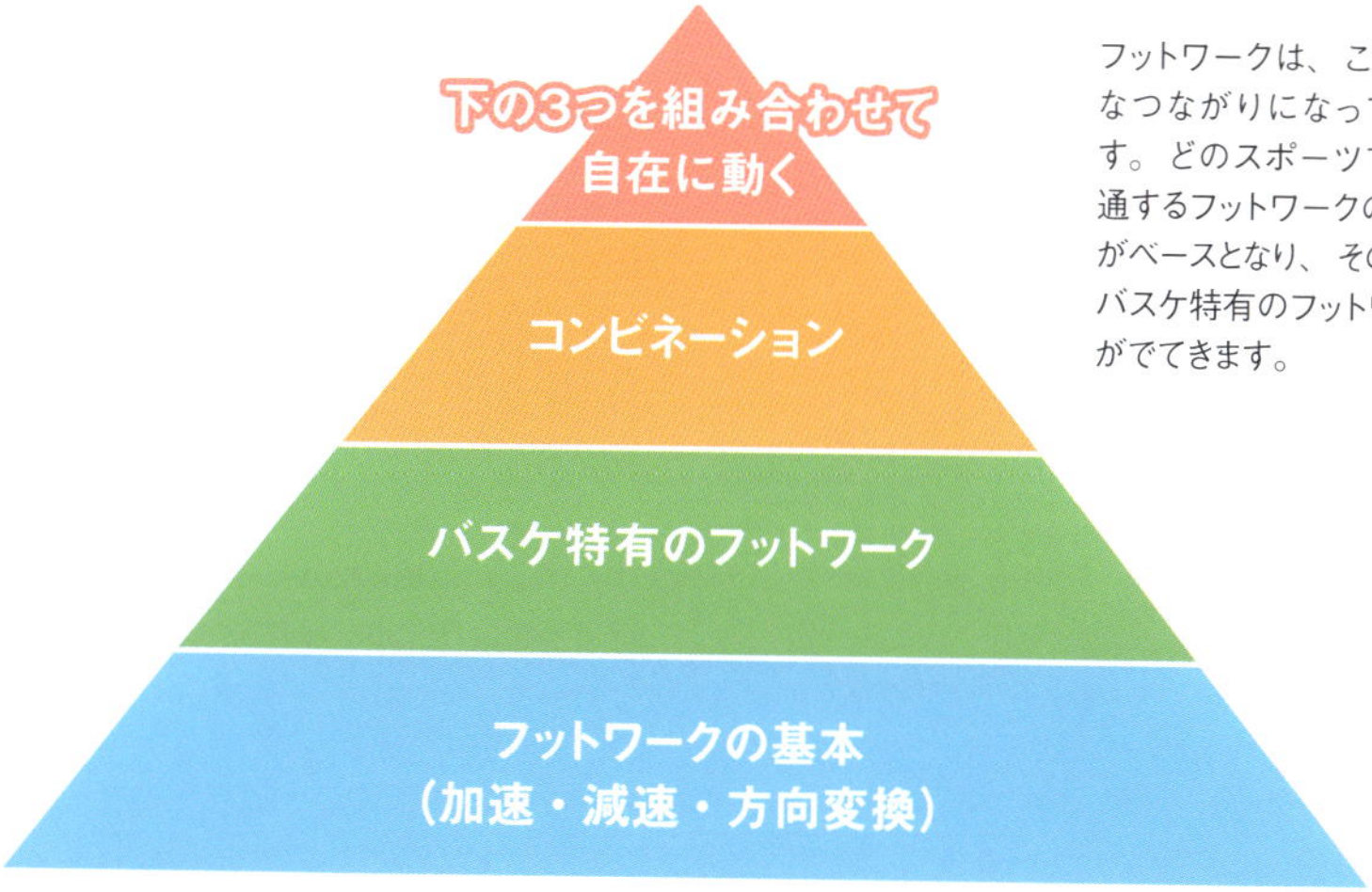


フットワークは、このようなつながりになっています。どのスポーツでも共通するフットワークの基本がベースとなり、その上にバスケ特有のフットワークができます。

## それぞれのフットワークで起こりやすいエラーと修正ポイント

シュートやドリブルと異なり、フットワークでは共通のエラーが発生しにくくなります。そのため、このパートではそれぞれのフットワークに応じたエラーと修正ポイントを紹介します。

### ラテラルスライドで起こりやすいエラー

# 脚を高く上げ過ぎる

脚を高く上げ過ぎると身体が浮いてしまうため、横への動きに向かなくなります。日本ではスライドの練習で、脚をガニ股にして開いた状態で横に動きます。ところが脚を横に開いてしまうと、前からの衝撃に耐えられません。本来、スライドではしっかりと脚の内側（エッジ）を使ってストップしたいのですが、ガニ股ではエッジを効かせることができません。脚を少しハの字にした状態で、できるだけ腰を浮かさずに動きましょう。

### ジャンプ・直進・方向変換で起こりやすいエラー

# 膝とつま先の向きが異なる

これまでのエラーとは少し毛色が異なりますが、膝の状態への誤解を解いておきたいと思います。「膝が内側に入ると怪我をする」と言われることがありますが、膝が内側に入ることが原因ではなく、膝がねじれた状態になるから怪我を誘発してしまいます。つま先と膝の方向が揃っていれば、内股になったとしても膝にねじれは生じません。膝の状態を見て良し悪しを判断するのではなく、膝とつま先が向いている方向に着目しましょう。

## フォアフットが必要な動きで起こりやすいエラー

# かかと接地

どのような動きでもかかとから接地（着地）する動きも、日本人に多い動きです。素早く方向転換をするためには、つま先側を使うことが重要です。ところがかかとしか使わない習慣がついているとバタついてしまい、安定して素早く動くことができません。またスピードを殺してしまう原因にもなります。一方でラダートレーニングなどでは、どの選手も自然につま先を使った動きをしています。ラダーのイメージでつま先を使う習慣をつけましょう。ただし、かかと接地が必要な状況もあることは理解しておきましょう。

## キレがないときに起こりやすいエラー

# 常に力んでいる

キレはリズム感やメリハリのある筋肉の使い方と関係します。前にも述べたように、日本人は一瞬で素早く動いて力を緩める力の使い方に慣れていません。筋肉の収縮と弛緩のメリハリ＝リズムと、一流選手の動きに見られるリズム感を、日頃から積極的に取り入れましょう。

### 練習で大事にしてほしいポイント

ここで紹介したエラーが起こる原因の1つは、力の方向と強さ、タイミングが明確化されていないことです。こうした力の作用をしっかりと考えて練習してください。

DRILL 01

フットワークの基本・加速強化①

# フットストライク&ヘッドストライク

フットストライクは、いわゆるもも上げです。直立した状態から水平まで膝を上げて下ろす動きをできるだけ強く行います。足首を90度に保ったまま、まっすぐ地面につけ、地面から反動をもらいます。オーバーヘッドストライクはタオルを持ち、肘を伸ばして腕を上げた状態でフットストライクと同じ動きを行います。

## フットストライク

足首を固定したまま地面につけて反動をもらう

直立した状態から腕をしっかりと振り、地面と水平になるまで膝を上げる

## オーバーヘッドストライク

足首を固めた状態で地面につけて反動をもらう

タオルを持って腕を上げる

フットワークの基本
（加速・減速・方向変換）

動画はこちら

DRILL 02

# フットワークの基本・加速強化②
# スモールスキップ&スキップ

スモールステップは素早いスキップで、スキップがトーントーンだとしたら、トントンと行うイメージです。足首を固定したらコンパクトに腕を振り、足が地面につく時間をできるだけ短くします。身体の中心を整え、足首を固定して地面から反動をもらいます。スキップは通常のスキップになります。ダッシュ力だけでなくジャンプ力や切り返しも磨くことができます。

## スモールスキップ

足首くらいの高さの水を走っているイメージ
足首は固定する
腕振りと足をスムーズに連動させる

地面につく時間を短くして素早く前後に進む

身体の軸を保ってコンパクトに腕を振る

## スキップ

地面を割るイメージ
肘を伸ばしきる

より強い反動をもらって前後に進む

腕を大きく振ってより強く地面に脚を下ろす

フットワークの基本
（加速・減速・方向変換）

動画はこちら

DRILL
03

## フットワークの基本・減速強化①

# チョップ（チョッピー）

ステップを細かく刻んで減速したり、止まったりします。走っている状態からアスレチックスタンスにして、状況に合わせて足幅を調整します。走っているときは狭く、前に詰めているときは広くなど、状況に応じて足幅を変えることも大切です。動きのポイントとしては、とにかく細かくステップを刻み、スピードを緩めることです。

1
全力で走っている状態

2
アスレチックスタンスにして細かくステップを刻み、減速する・止まる

フットワークの基本
（加速・減速・方向変換）

動画はこちら

DRILL 04

# サイドホップ

フットワークの基本・減速強化②

サイドホップは横に跳ぶというよりは、アイススケートで氷の上を滑るようなイメージで水平移動をします。姿勢を低くした状態で水平（真横）に移動します。腕の振りを使うとさらに距離が伸びますが、大切なのは股関節とお尻の筋肉を使い、着地の勢いを吸収してコントロールすることです。姿勢を維持し、次の動きにスムーズに移れるかを確認しましょう。

1

スタッガードスタンスからスタート。外脚を地面に刺すようにしっかり地面を押す

2

姿勢を維持して左右に繰り返す

フットワークの基本
（加速・減速・方向変換）

動画はこちら

DRILL 05

## バスケ特有のフットワーク強化①

# ローワリング

ローワリングは、高い位置から低い位置に重心を落とす動きになります。縄跳びを跳ぶように両足でホップしている状態から、急激にアスレチックスタンスかつスクワットのようなポジションに入ります。重心を真下に落とすことが重要です。ドロップのスピードが上がるほど、素早く止まることができ、ジャンプの動作に素早く移ることができます。

1 アスレチックスタンスの姿勢を取り、2回ホップ（軽いジャンプ）をする

2 ホップから一気に重心を落としてスクワットの姿勢になる

3 スピードを上げていく

バスケ特有のフットワーク

動画はこちら

DRILL 06

# バスケ特有のフットワーク強化②
# ラテラルスライド（シフティング&プッシュオフ）

横の動きであるラテラルスライドのドリルでは、シフティングとプッシュオフを紹介します。アスレチックスタンスとスタッガードスタンスの両方で行います。シフティングは重心移動で、アスレチックスタンスから進行方向の脚が垂直になるまで横に傾きます。プッシュオフではシフティングから進行方向に対して後ろ脚で地面を押し続け、脚を伸ばした分だけ進行方向の脚を出して横に進みます。

## シフティング

進行方向の脚が垂直になるまで
重心を移動させる

## プッシュオフ

重心が上下に
動かない
ようにする
後ろ脚が
パワーの
源になる

後ろ脚で地面を押した分前脚を
出して横に進む

スタッガードスタンスを取る

バスケ特有の
フットワーク

動画はこちら

DRILL 07

バスケ特有のフットワーク強化③

# Vステップ

動きやすい足幅で構えます。そこからスタッガードスタンスでローワリングの動きをし、時計の針でいう10時と2時の方向（軌道がV字になる方向）に踏み出して戻ります。この際に脚を踏み出しすぎる選手が多いのですが、おおよそ30～50cmの歩幅で十分です。この歩幅で素早く踏み出して戻ります。また前方向に行きがちになるので、しっかりと斜め前に踏み出します。

**1** スタッガードスタンスを取ってローワリング

**2** 2時方向に踏み出す

歩幅は30~50cmでOK

**3** 元のスタッガードスタンスに戻る

**4** 10時方向に踏み出す

この動きを繰り返す

動画はこちら

DRILL 08

バスケ特有のフットワーク強化④

# クロスステップ（前足・後ろ足）

方向転換のための必須フットワークです。方向を変えるためには足の方向を素早く変えることが必要になります。また、つま先と膝の向きを一致させることで、怪我のリスクを下げることができます。特に低い姿勢での方向転換を訓練することで、他の選手よりも動ける身体を作れます。

## キャリオカステップ

## クロスステップ

姿勢は普段のDFの姿勢よりあえて低めにして、足を前側で交差させる

DFは下がることが多い。後ろ側に交差させる動きに慣れる

バスケ特有のフットワーク

動画はこちら

DRILL 09

# スピン

## バスケ特有のフットワーク強化⑤

スピンでは、軸足を固定しすぎないことが大切です。スムーズに回らないと、軸足が残って膝がねじれるため注意が必要です。基本的にはアスレチックスタンスからクロスステップ、そして回転する、というバスケに多く使われるフットワークです。コマのように上下運動なくスムーズに回りましょう。

### 1

クロスステップで
クローズドスタンス
になる

軸足となる足は
かかと接地でも
つま先接地でも
よい

軸足は軽く地面から
浮かせるとスムーズ
に回りやすい

### 2

後ろ足を引いて
前を向く

バスケ特有の
フットワーク

動画はこちら

DRILL 10

## コンビネーション強化①
# マルチプレーンハーキー

素早く方向転換をする為のドリル。アスレチックスタンスやスタッガードスタンスを作った状態で多方向に素早くステップを踏みます。段差や台を利用することで斜めの力を地面に伝える練習になります。

1

アスレチックスタンスやスタッガードスタンスで立つ

2

多方向に素早くステップを踏む

コンビネーション

動画はこちら

DRILL 11

# コンビネーション強化②
# ジャンプ→着地→クロスステップ→ハーキー

コンビネーションでは、試合をイメージすることが大切です。これらのフットワークは試合のあらゆる場面で登場します。ここで紹介しているのはほんの一例ですが、試合中に「どのフットワークをよく使っているのか」「このフットワークはどのシーンで活かせそうか」などと考えながら練習しましょう。

**1** リバウンドを取るイメージで思いきり跳ぶ

このイメージ
スッ

**2** 優しく着地。音がしないように忍者になった気持ちで

DFをしながらオフェンスを止めるために下がったイメージ

**3** クロスステップで後ろ方向へ方向転換

オフェンスが止まったのでピタッと止まるイメージ

**4** ハーキーで細かく止まりつつ次の動作へ移行する準備をする

コンビネーション

動画はこちら

PART
5

# バスケの基本「ジャブステップ」

JAB STEP

# なぜジャブステップが重要なのか

NBAでも様々なプレーで観客を魅了している河村勇樹選手。
彼のシンプルなプレーこそ、理想的なジャブステップから生まれている

## バスケットボールの動きの基となる重要な「型」

ジャブステップとは、ピボットの脚を決めてフリーフット（動かす脚）を前に出し、元に戻るという基本中の基本トリプル・スレット（三つの脅威）と呼ばれる、シュート・ドリブル・パスへ移行するための「型」になります。わざわざこの動きを取り上げて紹介する理由は、この動きができない選手が多いからです。このジャブステップができていなければ、そもそもバスケットボールが成り立ちま

# このパートの構成

## 1 ジャブステップの「型」

▶▶▶ 144～145ページ

ジャブステップの動きのポイントを解説します。

## 2 起こりやすいエラーの動きと修正ポイント

▶▶▶ 146～147ページ

ジャブステップで起こりがちなエラーと改善方法を紹介します。

## 3 ジャブステップ強化ドリル

▶▶▶ 148～157ページ

スムーズに次の動きにつなげられるように、ジャブステップを強化するドリルです。

せん。今一度バスケットボールのスターティングポイントであるこの動きを見つめ直してみましょう。

ジャブステップの「型」が身につくと、そこからシュートが打てたり、ドリブルに行けたり、そのまま後ろに下がれたり、シンプルなプレーにつながりやすくなります。また、フットワークで紹介したストップとスタート、そしてスムーズな動きにつなげるための姿勢を、徹底的に作ることができます。

このパートでは(1)ジャブステップの型、(2)ジャブステップで起こりやすいエラーと修正ポイント、(3)ジャブステップを身につける練習ドリルと展開していきます。

# ジャブステップの「型」

ジャブステップの「型」はここで挙げる4つの要素で構成されています。これまで紹介してきたドリブルやフットワークと共通する項目が多いのですが、改めて確認してください。動きのお手本はQRコードから見られます。

動画はこちら

# 「型」の4つのポイント

## 型3 脚幅は足一つ分

極端に脚幅を広くする必要はない。 脚幅は足1つ分が基本となる

## 型1 スタッガードスタンス

首がつま先の上のラインに来るくらいの前傾を取る。前に脚を踏み出したときも、 この前傾をキープする

## 型4 体重は前60% 後ろ40%

前に素早く動くため、 前重心となる。 体重の配分は前60%、 後ろ40%くらいにする

## 型2 ボールの振り幅

リラックスしてスムーズに次の動きにつなげられるように軽くボールを持つ。 振り幅は最低限の動きにする

## 起こりやすいエラーの動きと修正ポイント

ジャブステップで起こりやすいエラーは2つあります。1つはボールを大きく振ることで、もう1つは肩に力を入れてボールを持ってしまうこと(固い)です。ジャブステップからスムーズに次の動きにつなげられない場合は、この2つのエラーが起こっていないか確認しましょう。

エラー①

### ボールを大きく振る

ボールを大きく振ってしまうと、スムーズに次の動きにつなげることができません、ドリブルでも紹介したように、ボールの振り幅は最低限でOKです。ボールを振ると体幹部がねじれてしまうため、股関節を折りたたむように身体を回します。次の動きに素早くつなげるという目的を考えましょう。

エラー②

### 肩に力を入れてボールを持つ

とくにミニバスを経験している選手に多いボールの持ち方が、肩に力が入り、肘を張った持ち方です。このような持ち方をしていると、素早くシュートやドリブルにつなげられません。できるだけリラックスして軽くボールを持つようにしましょう。

## ここもチェック

「型」の質を高めるためには、ここで挙げるチェックポイントも重要です。これらの動きはこの後のドリルを通じて身につけることができますが、最初にまとめて紹介しておきます。

**Check✓ 1**

### 押されても踏ん張れるバランス

▶▶▶ よいバランスをキープしたままジャブステップをする

**Check✓ 2**

### 素早くドリブルのスタートができる

▶▶▶ スタッガードスタンスでよい体重配分をし、その姿勢を崩さずにドリブルをはじめる

**Check✓ 3**

### スムーズにシュートが打てる

▶▶▶ リラックスして軽くボールを持ち、素早くシュートに移る

**Check✓ 4**

### 軸足の膝がねじれていない

▶▶▶ 膝がねじれていると怪我のリスクが高くなる。きちんとつま先をついて回ることが重要

**Check✓ 5**

### 出した足をスムーズに戻せるか

▶▶▶ 足幅が広いとスムーズに元の位置に戻すことができず、バランスも悪くなる。足1つ分くらいが基本

DRILL
01

ジャブステップ強化ドリル①

# ノーマルジャブ

スタッガードスタンスで軸足のほうにボールを下げて守ります。その状態から肘打ちをするようなイメージでボールを前に動かします。145ページで紹介した「型」の動きそのものになります。そして足1つ分踏み出しますが、このときは前脚で床を斜め下方向に押すようにします。戻る時も同様に床を斜め前に押すようにして戻ります。前傾姿勢を崩さないことにも注意しましょう。

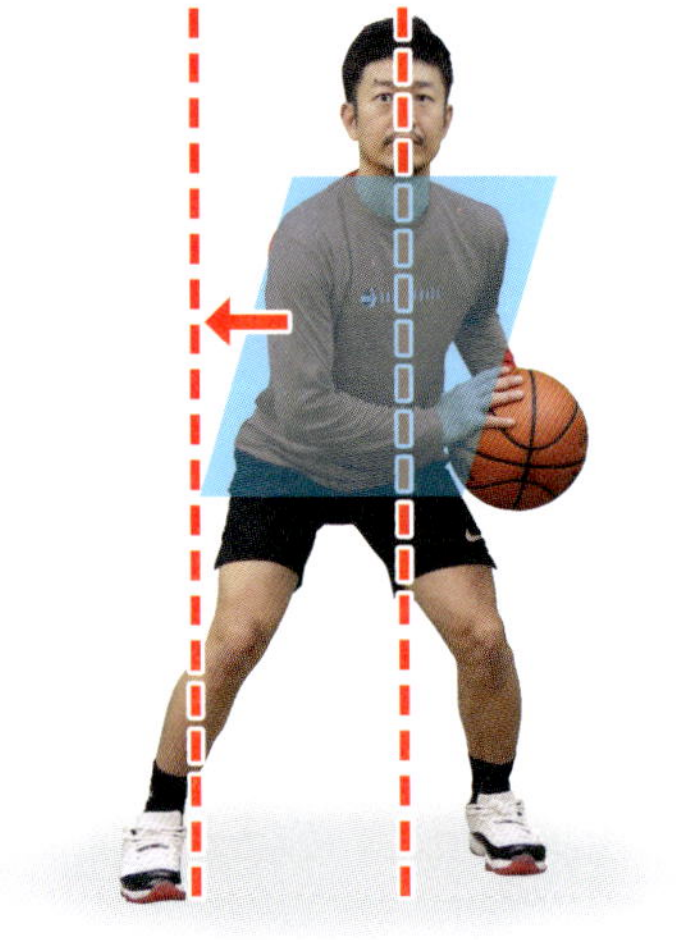

1

スタッガード
スタンスを取り、
ボールを下げて
ディフェンスから守る

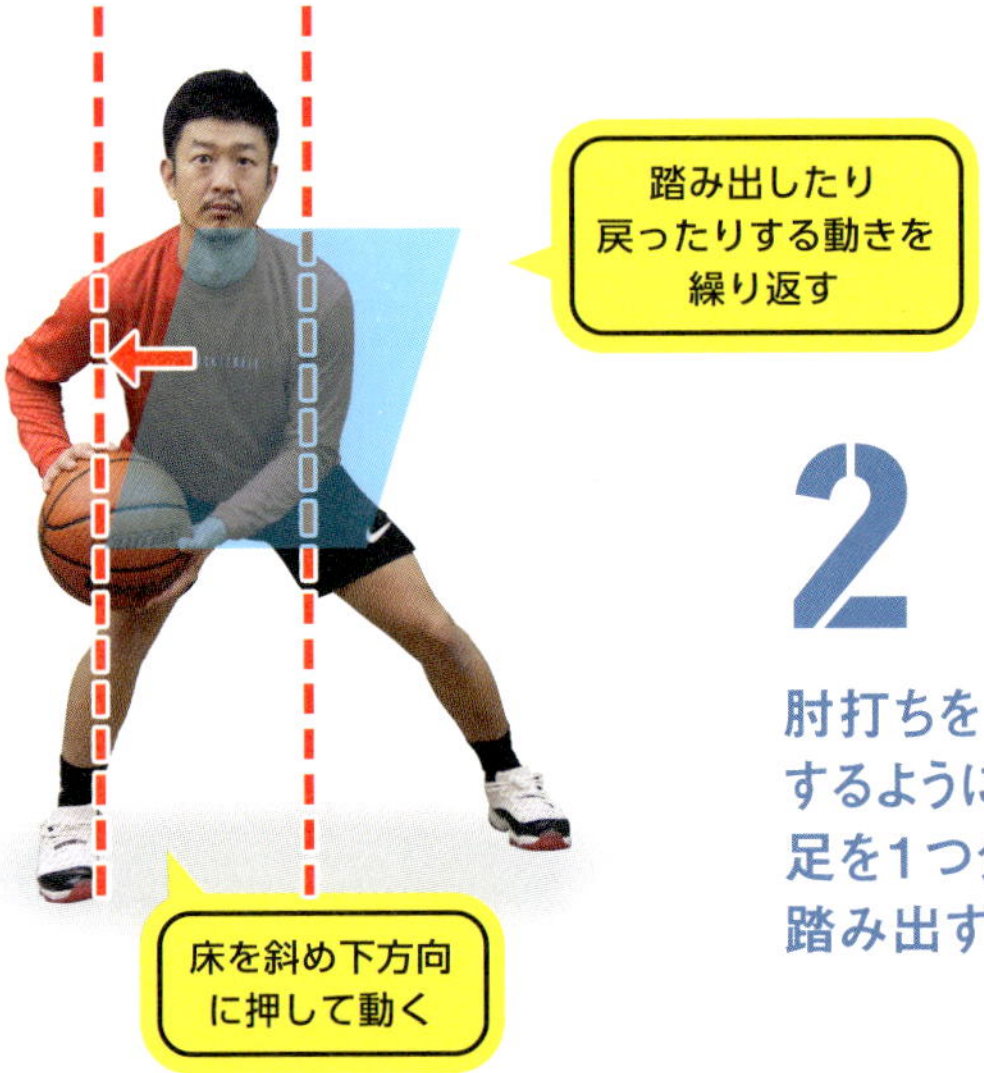
踏み出したり
戻ったりする動きを
繰り返す
床を斜め下方向
に押して動く

2

肘打ちを
するようにして
足を1つ分前に
踏み出す

動画はこちら

DRILL 02

# ジャブステップ強化ドリル②
# スタブジャブ

スタブは刺すという意味で、スタブジャブは脚を前に出すと同時にボールをポケットに引きます。アグレッシブなDFには、こちらがジャブをするたびに手を出してくるタイプがいます。このスタブジャブはボールを引いた安全な状態を作り、DFが手を出してくるタイプかを確認することができます。また、通常のジャブと組み合わせることでフェイントにもなります。

## 正面から

ボールを安全な
位置まで引いて
ＤＦの様子を見る

前脚を1足分前に出しながらボールを引く　スタッガードスタンスを作ってボールを持つ

## 横から

脚は１足分、
体重配分は
前60%後ろ40%

前脚を出すと同時に完全に隠れる位置までボールを引く　適度な前傾を取ったスタッガードスタンスを作る

動画はこちら

DRILL
03

## ジャブステップ強化ドリル③
# サークルジャブ

サークルジャブとは、円を描くようにボールを回し、脚が前に出る瞬間に勢いよくボールを繰り出す動きです。この動きのメリットは、緩急をつけられること。台風の目のように静かにボールを回しながら、ゆっくりと息を吸うイメージで重心を少し上げます。そして、一瞬でボールを前に押し出すことで、スピードが生まれます。自分の重心を上げることで、相手もつられて姿勢が高くなることがあります。ポイントは、前の手の甲を相手に向けること。そうすることで、瞬時にシュートを打つことができます。

1 スタッガードスタンスを取る

息を吸う
イメージ
台
少し重心を
上げる

2 ゆっくりとボールを回す

台
相手の手から
ボールを守れて、
すぐにシュートに
移行することもできる

3 前の手の甲は
相手に向けておく

動画はこちら

DRILL 04

ジャブステップ強化ドリル④

# 3つのリップスルー

リップとは引き裂くという意味で、ボールを動かす高さを指します。DFの手の位置の高さによって、リップアンダー（下）、リップオーバー（上）、リップ（真横）の3つの軌道があります。軌道には「円を描く」や「直線で」などの決まりはないので、相手とのタイミングに応じて選択します。またリップアンダーやリップオーバーによってボールを移動させる動きには、加速をつけやすくなる効果もあります。積極的に使ってください。

## リップオーバー

1

ＤＦの
手が低い
ボールを
しっかりと
守る

スタッガードスタンスを取る

2

DFの手が低ければ上側を通す

3

ボールを
動かした勢いを
利用して
ドライブの加速
を上げること
にも使える

相手の手が届きにくい
位置にボールを動かす

## リップアンダー

1

ＤＦの
手が高い
ボールを
しっかりと
守る

スタッガードスタンスを取る

2

目線は前にし
相手の動きを
観察する

DFの手が高ければ下側を通す

3

相手の手が届きにくい
位置にボールを動かす

動画はこちら

# ジャブステップ強化ドリル⑤
# ダブル&トリプルタップジャブ

## ジャブステップ

**1**

スタッガードスタンスを取る

脚幅は10cm程度

**2**

トンとステップを踏む

**3**

ドンと強くステップを踏む。この動きを2回目(ダブル)や3回目(トリプル)に行う

足首を固めて床からの反発をもらう

動画はこちら

## 応用

1

強いステップの際に
ボールや重心、
もしくはその両方を動かす

2

脚を前に出すだけでなく
後ろに引く

これは、小刻みなステップを使ったジャブになります。ダブルは「イチ、ニ」と細かく2回刻み、トリプルは3回刻む動きです。この小刻みなステップに①重心移動の有無、②ボールの移動の有無、③脚を後ろに引く、などと組み合わせて使い、相手を崩します。ポイントは歩幅を10cmくらいにすること。そうすることで、素早い動きが可能になります。

DRILL
06

# ジャブステップ強化ドリル⑥
# ドロップジャブ

重心を落とすだけで、DFに「（向かって）来る」と思わせる技です。スタッガードスタンスから重心を「ドロップ（落とす）」するのですが、注意点は真下ではなく斜め下に重心を落とすことです。このドロップもダブルやトリプルといったように、細かく刻んでディフェンスのリズムを崩すことができます。

1

スタッガードで構える。これから重心を落とすので浅めにする

斜め下に重心を落とすことでDFに「ドライブが来る」と思わせやすい

2

「ヨーイドン」のイメージ。ドライブを加速できる辺りまで重心まで一気に落とす

動画はこちら

DRILL 07

## ジャブステップ強化ドリル⑦

# ジャブ&ジャブカウンター・リトリート

ジャブを時計の2時方向に踏み込んだら、その反動で10時（カウンター）の方向へ向きを変えます。大切なのは地面の反発をもらって素早い切り返しを行うことです。斜め下にグサっと脚を刺したら、素早く引っこ抜きます。身体はオープンスタンス（開いた状態）から一気にクローズドスタンス（閉じた状態）になります。ボールを軽く振って勢いをつけるとキレが増しますが、振りすぎには注意しましょう。

1

DFの足元に鋭く
脚を突き刺す

ボールをDFから
遠ざけながら、
上や下に
ボールを通す

2

反動をもらって一気
に反対側に回る

動画はこちら

DRILL
08

ジャブステップ強化ドリル⑧

# 360度

今までのジャブは「攻め」で使うことが多い動きでしたが、この360度は「守り」のジャブになります。身体をディフェンス側に寄せて壁を作り、回転してDFとのスペースやズレを作ります。ボールは常にDFから遠ざけ、DFの手が届かないようにします。軸足はつま先（フォアフット）にしておくとスムーズに回れます。かかとに体重をかけないように注意しましょう。

## 1 DFに対して壁を作る

動画はこちら

## 2 軸足は常に赤丸の位置に置き、下がりながら壁を作り続けてボールを守る

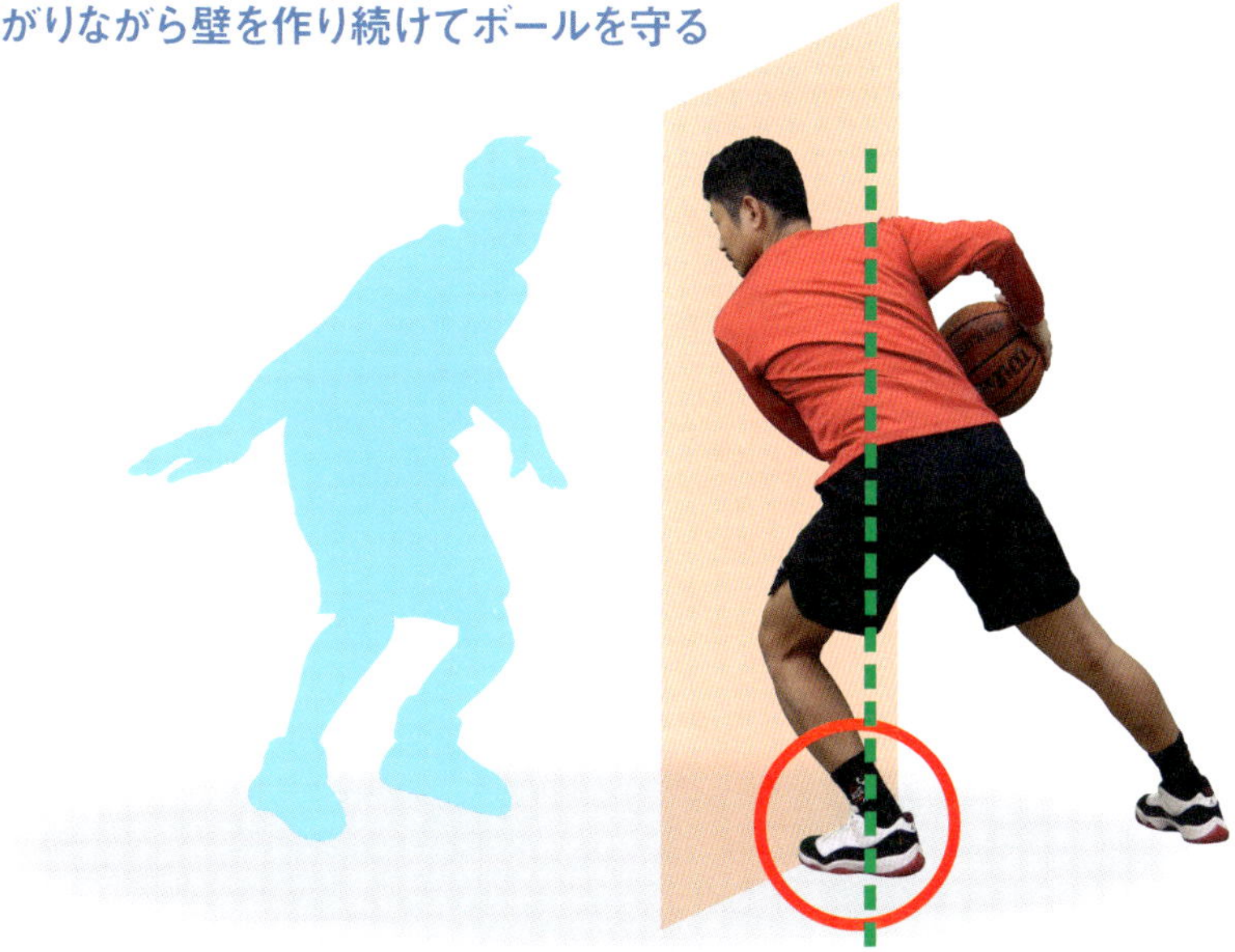

## 3 ボールを守り続けたら、再び前に出て攻めの姿勢を取る

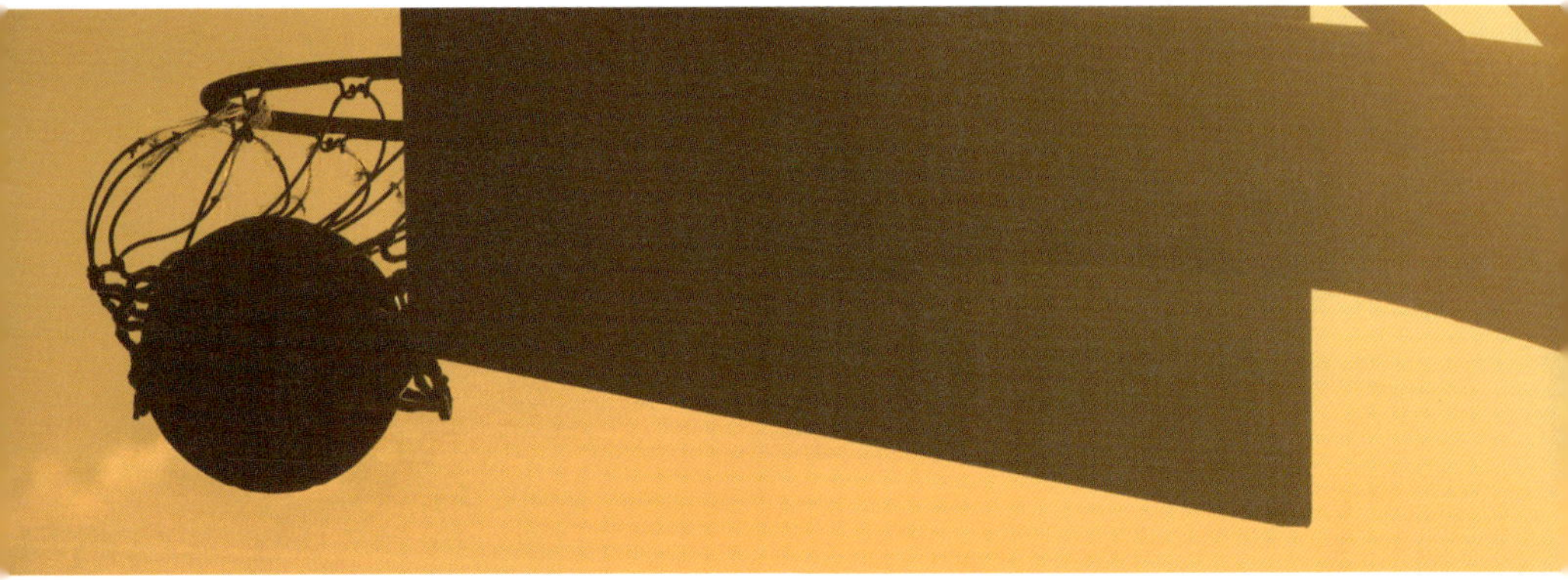

Epilogue

# おわりに

本文でも記しましたが、僕は熱量がある選手たちと一緒にやってみたいと考えています。そして本書を手に取ってくれた皆さんは、「上手くなりたい」という熱量があるからこそ、行動に移してくれたと思います。

僕は常々、「シンプルが最強」と言っています。そのきっかけが「型」であり、「型」がシンプルなプレーの分厚い土台になります。「はじめに」でも述べたように、本書の内容はそのなかの基本の「き」です。けれどもしっかりと取り組んでもらうことで、たくさんのスキルや駆け引き、バスケＩＱを上に乗せられれ、ゆくゆくはシンプルなプレーや考え方にたどり着くかもしれません。

日本人のよさは物事を極めようと思えば本当に極められる職人気質を持っていることです。一つひとつの技術を追求したときに、世界にも負けない素晴らしい力を持っています。これまではこの日本人のよさを十分に活かせる指導法が確立されていませんでしたが、今はたくさんの指導者がこのことに気づき、実践しはじめています。だからこれからの日本のバスケットボールをとても楽しみにしていますし、少しでも僕も貢献できたらと思っています。そしていつの日か日本代表がアメリカ代表を破る日が来ることにわくわくしています。

ただし、ただしです。バスケットボールに固執したプレーヤーにはなって

## ——熱量を持ってトライし、ときには「たかがバスケ」と思ってほしい

ほしくないと思っています。これから皆さんがどの道に進んだとしても、それぞれの道に本書のような「型」があり、土台を積み上げることで成長します。そうした考え方が身につくこと。それこそがバスケットボールが教えてくれる本当に大切なことだと考えています。結局は「たかがバスケ」なのですから。

僕には全国大会出場やプロ契約をしたような実績はありません。それでも多くの方にＳＮＳを通じて知っていただけるようになりました。今後は「さらに世界中のバスケットボールが大好きな方々が幸せになるキッカケを届けたい」「そのために皆さんからの確かな信頼を得たい」と願っていた完璧なタイミングで出版の依頼をいただきました。実績のない僕にチャンスをくださった出版社や編集担当者の佐藤さん、細かいニュアンスを表現してくださったデザイナーさんには感謝してもしきれません。

過去にワークアウトを受けてくださった選手・コーチ・保護者の皆さんがいたからこそ出来上がった僕のスタイル。そのスタイルの明確な言語化を手伝ってくれた友、毎日ワークアウトパートナーとしてトレーニング開発や活動に貢献してくれる友、プロの世界とつないでくれた友。わがままで自由奔放な僕を受け入れてくれたすべての人たち。そして何より自分の活動を支えてくれている家族。すべての方々に感謝します。

RISEスキルコーチ
今田悠太
Yuta

Profile

## 今田悠太（いまだ・ゆうた）Yuta

**RISE BASKETBALL スキルコーチ**

日本生まれアメリカ育ちロサンゼルス在住。バスケットボールの本場アメリカで運動科学を学び、日本人選手に合ったトレーニングを確立。その後、「シンプルが最強！」の理念のもと、全国どこでもつながれるように動画レッスンを軸としたオンラインバスケ塾「RISE BASKETBALL」を開校する。独自の指導法が評判を呼び、全国各地で開催するクリニックは常に満員となるほどの人気を誇る。選手のエラーを瞬時に見抜くことを得意とし、小学生から日本代表選手クラスまで、幅広いカテゴリーの選手に的確なコーチングを行う。ワークアウト参加者には、富樫勇樹選手（千葉ジェッツ）、馬場雄大選手（長崎ヴェルカ）、町田瑠唯選手（富士通レッドウェーブ）、大神雄子氏（現：トヨタ自動車アンテロープス　監督）、馬瓜ステファニー選手（スペインリーグ・エストゥディアンテス）、馬瓜エブリン選手（デンソーアイリス）といった日本代表選手をはじめ、ウインターカップで活躍した瀬川琉久選手、満生小珀選手、十返翔里選手など、多くのトッププレイヤーが名を連ねる。また、開志国際高校や佐賀清和高校、東海大学、ゴッドドアといった学校やクラブチーム、シーホース三河、広島ドラゴンフライズなどのBユースなどでもレッスンを行う。Instagram や TikTok でもレッスン動画を発信し、SNS 総フォロワー数は30万人を超える。

●編集
佐藤 紀隆（株式会社Ski-est）
稲見 紫織（株式会社Ski-est）
http://www.ski-est.com/

●デザイン
三國 創市（株式会社多聞堂）

●制作協力
富樫勇樹（千葉ジェッツふなばし）

●画像提供
Gettyimages
CHIBAJETS FUNABASHI

**自主練は「型」が最強！**
# 動きのコツがわかるバスケ塾

2025年4月17日　第1刷発行
2025年6月 2日　第2刷発行

著　者　今田悠太（Yuta）

発行人　永田和泉
発行所　株式会社イースト・プレス
〒101-0051
東京都千代田区神田神保町2-4-7 久月神田ビル
Tel 03-5213-4700 ／ Fax 03-5213-4701
https://www.eastpress.co.jp

印刷所　中央精版印刷株式会社

ISBN978-4-7816-2434-1